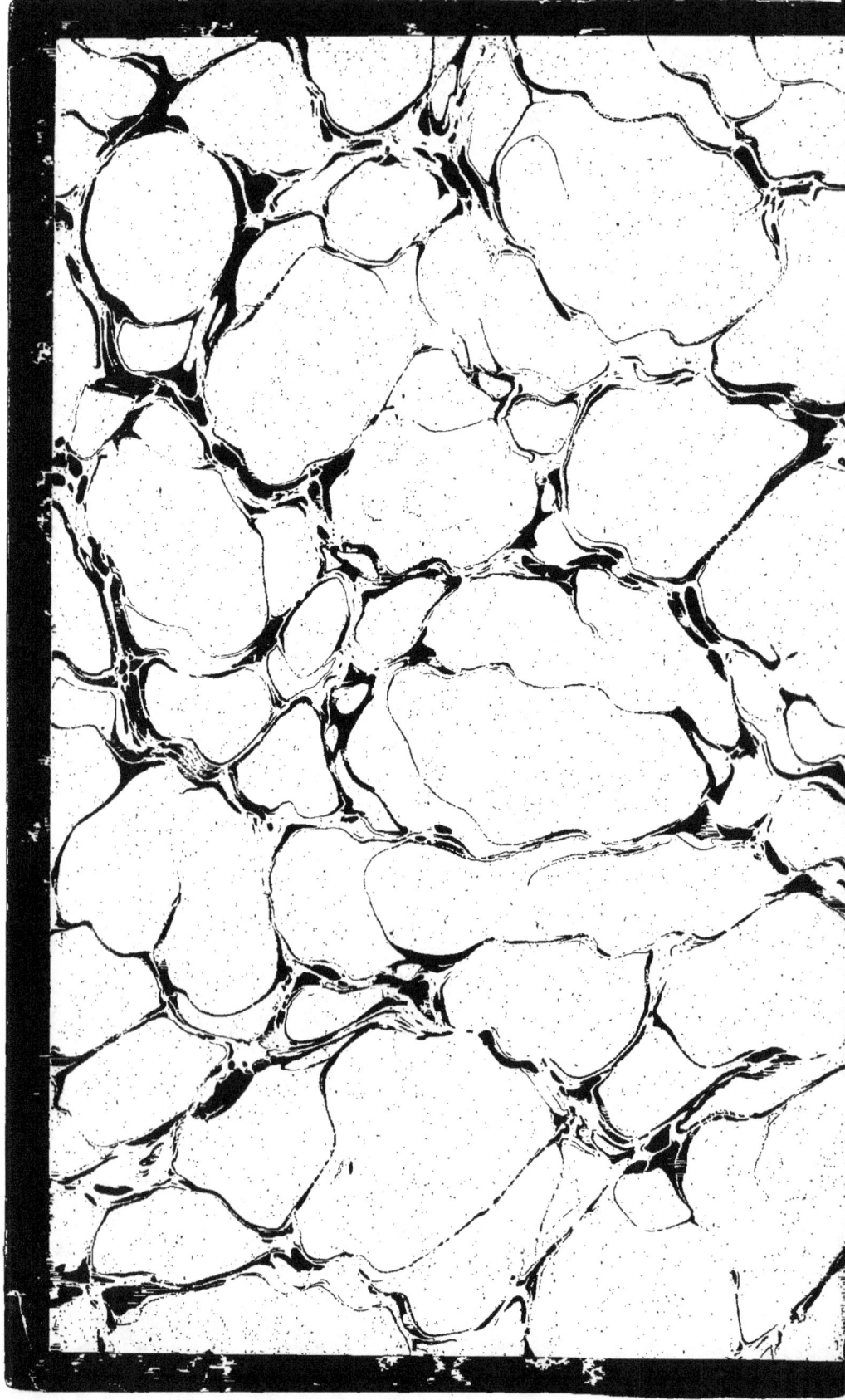

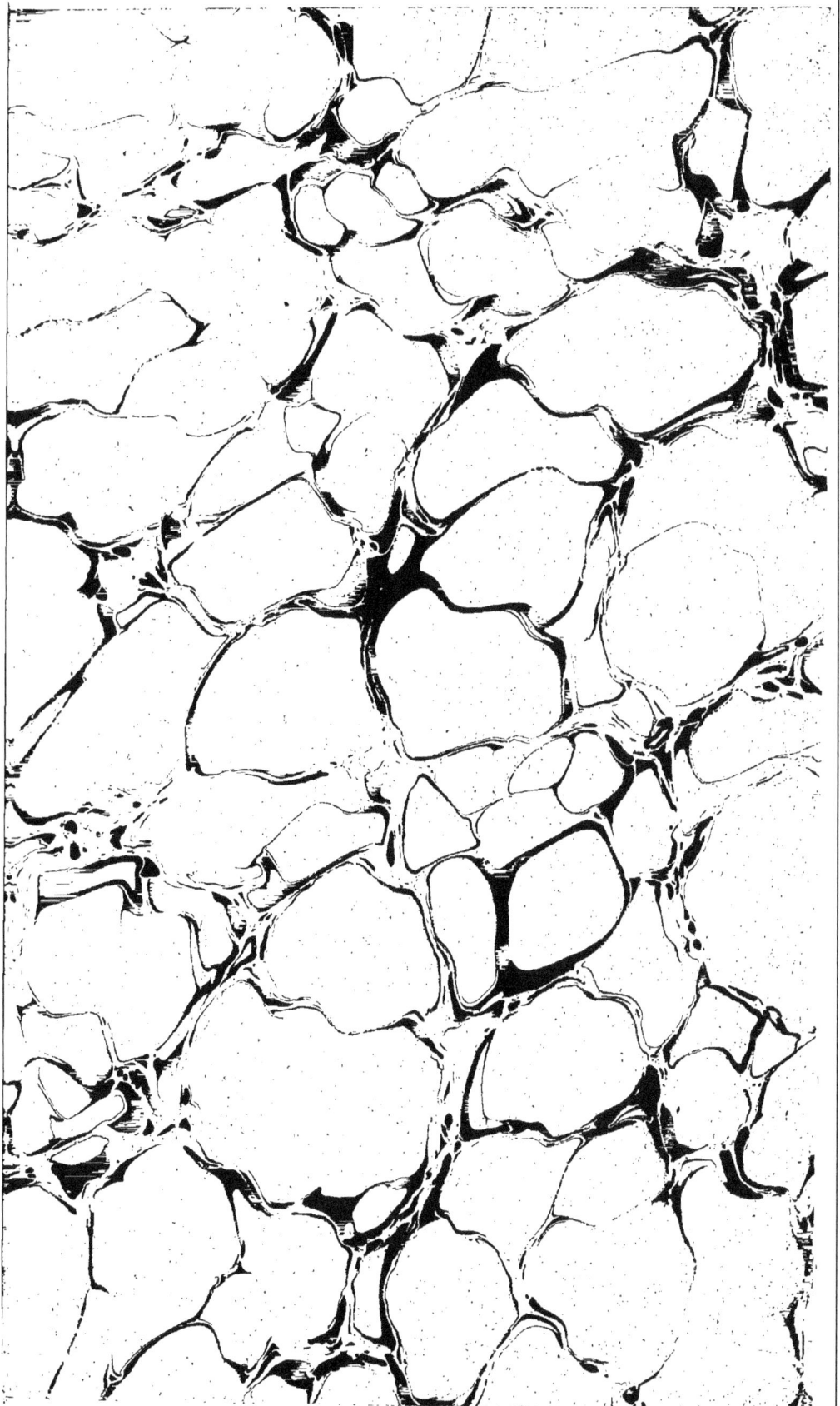

s Arts de l'Ameublement.

L'Horlogerie

PARIS
LIBRAIRIE CH. DELAGRAVE

L'HORLOGERIE

L'HORLOGERIE

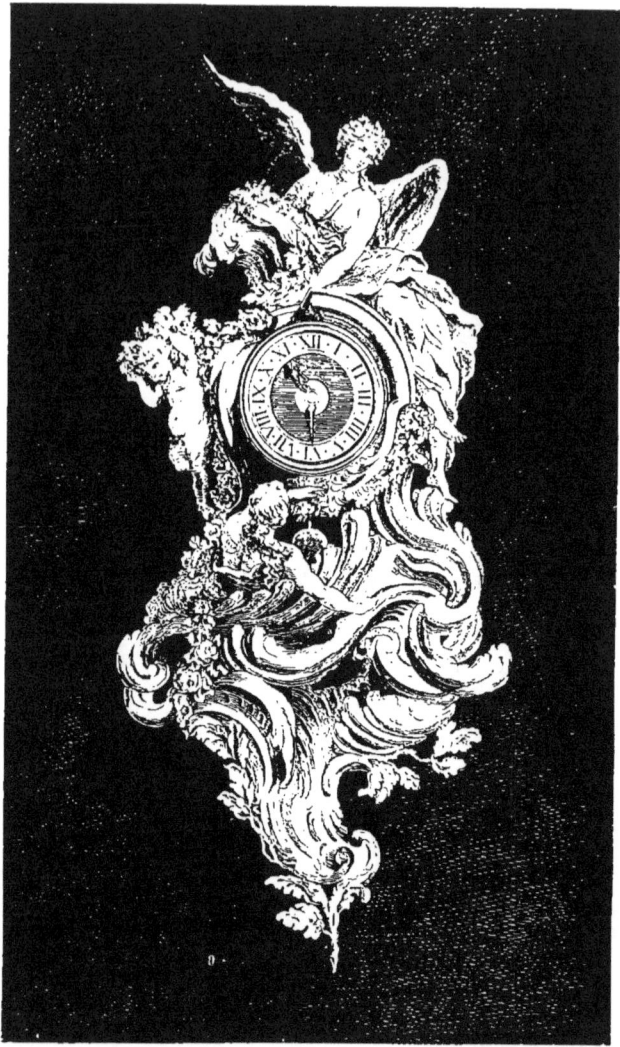

Fig. 1. — Modèle de cartel en bronze doré, dessiné par Meissonnier.

LES ARTS DE L'AMEUBLEMENT
Ouvrage publié sous le haut patronage de l'Administration
des Beaux-Arts

L'HORLOGERIE

PAR

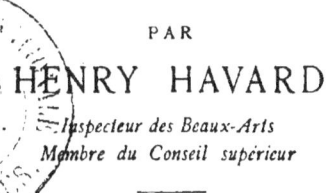

HENRY HAVARD

Inspecteur des Beaux-Arts
Membre du Conseil supérieur

Quatre-Vingts Illustrations par M. GOUIN

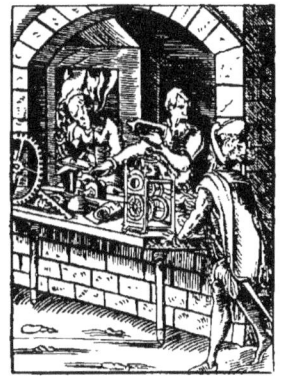

PARIS
LIBRAIRIE CHARLES DELAGRAVE
15, RUE SOUFFLOT, 15

Tous droits réservés.

Il a été imprimé 100 exemplaires de cet ouvrage sur japon des manufactures impériales, numérotés et signés.

PREMIÈRE PARTIE

L'HORLOGERIE PRIMITIVE

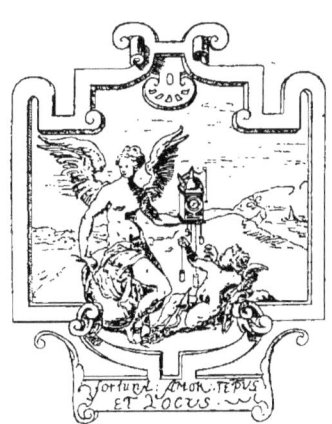

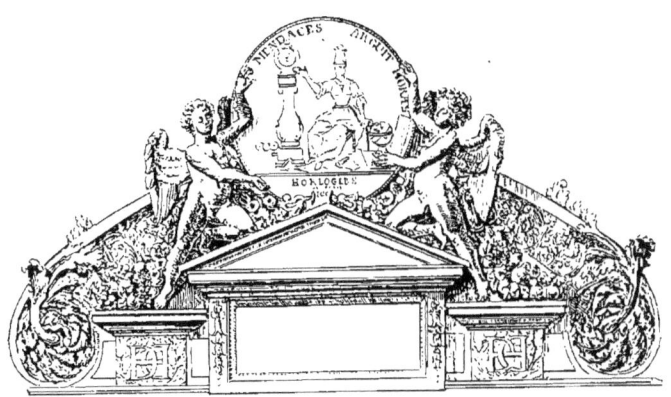

Fig. 4. — Motif de décoration emprunté à l'horloge du Palais de Justice.

I

CONSIDÉRATIONS GÉNÉRALES. — LA CHRONOMÉTRIE ET L'HOR-
LOGERIE. — DISTINCTIONS A FAIRE ENTRE CES DEUX ARTS.

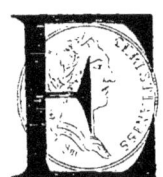N consacrant à l'horlogerie une des monographies qui composent la bibliothèque des *Arts de l'ameublement,* nous n'avons nullement la prétention d'enseigner au public particulier auquel ces petits livres sont destinés, l'art de confectionner des horloges, des pendules ou des montres.

Notre but est moins compliqué, et surtout plus modeste. Nous n'avons à envisager ici l'horlogerie que dans ses rapports avec l'ameublement, c'est-à-dire que nous nous bornons uniquement à étudier la forme extérieure et la décoration que comportent les appareils destinés à nous renseigner sur la marche du temps, et les règles particulières auxquelles obéissent forcément la composition de cette forme et la disposition du décor qui la complète. Aussi, dès le principe, sommes-nous amenés à établir une distinction indispensable entre l'*horlogerie* proprement dite et ce qu'on appelle d'une façon plus spéciale la *chronométrie*.

La chronométrie, ainsi que l'indiquent les deux mots grecs χρόνος et μέτρον qui composent ce substantif, embrasse l'ensemble des procédés généralement adoptés pour mesurer le temps. L'horlogerie, si nous nous en rapportons à l'étymologie du mot (ὥρα et λόγιον), se borne à nous faire connaître l'heure.

Au premier abord, étant donnée la double faculté que possèdent les appareils couramment usités chez nous, de mesurer le temps et d'indiquer ses divisions, il semble assez difficile de séparer l'horlogerie et la chronométrie l'une de l'autre. On conçoit mal qu'un appareil chargé de nous dire l'heure ne se complique pas d'un mécanisme destiné à compter aussi exactement que possible le temps qui s'écoule.

C'est là, en effet, le double rôle que jouent les horloges, les pendules, les montres, etc., que nous avons constamment sous les yeux et dont nous faisons un journalier usage. Mais quand on serre nos deux définitions de plus près, on constate bien vite, entre les deux arts qu'elles désignent, des distinctions permettant de limiter et de préciser le rôle qui incombe à chacun d'eux.

Ainsi le calendrier que le facteur nous apporte à la veille du 1er janvier, est un appareil chronométrique au premier chef. Grâce à lui, tout le long de l'année, nous sommes renseignés sur la marche des jours. Sans lui, nous ignorerions souvent le quantième du mois; et constamment il nous faut le consulter pour fixer la date précise de faits accomplis ou l'époque exacte de dispositions à prendre. Mais, quelle que soit la forme dont l'ingéniosité du fabricant le gratifie, qu'il soit annuel ou perpétuel, qu'il se présente sous l'aspect d'un tableau, d'un cahier, d'un livre, d'un bloc qu'on déchire, le calendrier ne saurait à aucun titre être envisagé comme un appareil d'horlogerie.

Dans nos villages, certaines sonneries d'église se répétant toujours à la même heure peuvent être considérées comme de véritables horloges. Elles servent d'indications à nos paysans pour régler d'une façon suffisamment exacte les principaux actes de leur existence, du reste peu compliquée. Nous verrons bientôt qu'au Moyen Age — un grand nombre de documents en font foi — on ne connaissait guère, dans les plus grandes villes, d'autres indications horaires que ces sonneries. Cependant, avec la meilleure volonté du monde, on ne peut prétendre que le sonneur qui met la cloche en mouvement soit un instrument chronométrique.

De nos jours, il est vrai, ce dernier a, le plus souvent, recours, pour se guider, à des appareils de chronométrie ; mais c'est là une ressource toute moderne, et que nos ancêtres ne connaissaient pas. Du coucher au lever du soleil, le seul moyen qu'ils possédaient de se renseigner, consistait dans la contemplation du ciel, et quand celui-ci était obscur, ils se trouvaient parfois fort déroutés. En Orient, où la voix du muezzin, remplaçant la cloche catholique, crie l'heure aux fidèles, les choses se passent encore ainsi.

Il nous souvient qu'en 1890, suivant, par un jour très sombre, la route qui conduit de l'emplacement occupé par l'antique Carthage au port de la Goulette, et traversant un village dominé par un petit minaret, nous vîmes sortir de la mosquée un *youled* qui vint nous demander l'heure. Une fois renseigné, il disparut au plus vite, et un instant après le chant rythmé du muezzin se faisait entendre, invitant les fidèles à la prière. Ainsi la montre d'un mécréant avait, faute d'indications plus orthodoxes, mis en action l'horloge vivante de la mosquée, et les pieux musulmans, instruits par l'appel sacré, connaissaient l'heure approximative grâce au passage accidentel d'un *giaour*.

A côté de ces horloges qui n'ont rien de chronométrique, combien peut-on citer de chronomètres qui, à l'instar du calendrier, ne sauraient être considérés comme des horloges! La clepsydre, sous sa forme première, le sablier lui-même jusqu'au jour où on lui adjoignit un cadran dont on faisait d'heure en heure, et avec le doigt, avancer les aiguilles, appartenaient à cette catégorie, et dans les pays primitifs on rencontre encore nombre d'appareils de ce genre.

Les oasis algériennes ne doivent, on le sait, leur étonnante fertilité qu'à la quantité d'eau dont elles peuvent abreuver leur sol toujours altéré ; aussi la distribution du précieux liquide est-elle réglée avec un soin tout spécial, et une police savante préside à sa bienfaisante répartition. A l'aide de rigoles, de canaux, de conduits, savamment aménagés, de *sakias* (pour employer l'expression locale), chaque propriété reçoit périodiquement et pendant un temps strictement limité, la provision qui lui est dévolue. Il y a une quinzaine d'années, M. Héron de Villefosse[1] constatait qu'à Tebessa, le temps que devait durer cette immersion périodique se calculait à l'aide d'une sorte de chaudron muni d'un trou à sa base. L'agent des eaux, l'*oukil el ma*[2], arrivait devant la propriété, ouvrait la communication, remplissait son chaudron, en laissait couler l'eau par le trou inférieur, et quand son récipient était à sec, il refermait la communication et dirigeait le cours d'eau sur une propriété voisine ; en un mot, et pour nous servir de l'expression de M. Héron de Villefosse, « cette marmite lui servait de sablier ».

Durant un récent voyage en Algérie, nous avons pu constater que dans les oasis d'El-Kantara, de Biskra, de Sidi-Okba, ce même procédé était encore en usage. On

---

[1]. Voir le *Tour du Monde*, année 1880, 2ᵉ semestre, p. 15.
[2]. Littéralement le gardien de l'eau.

peut à la rigueur considérer cet appareil naïf comme une clepsydre primitive. C'est certainement un chronomètre. Ce n'est assurément pas une horloge.

Avec un peu de bonne volonté on pourrait multiplier ces exemples, en citer nombre d'autres aussi curieux et aussi probants, quoique moins exotiques. On pourrait même, poursuivant notre raisonnement avec toute la rigueur qu'il comporte, arriver à montrer comment certains de nos appareils horaires, tout en restant des chronomètres constants, constituent des horloges intermittentes. Telles sont, par exemple, les horloges publiques qui, n'étant pas éclairées la nuit, cessent, quelques heures après le coucher du soleil, de *montrer l'heure*, alors que leur mécanisme intérieur ne cesse pas de *compter le temps*. Mais ce que nous venons de dire suffit, croyons-nous, à établir la différence qui existe entre la chronométrie proprement dite et l'horlogerie. Cette différence, au surplus, est si bien admise, même parmi les hommes du métier, que les fabricants d'appareils horaires n'hésitent pas à diviser leur profession en deux branches bien distinctes.

La première comprend : 1° la *chronométrie*, 2° l'*horlogerie astronomique et marine*, 3° la confection des *montres de précision*. C'est la branche savante, celle qui se propose surtout de mesurer avec une régularité presque absolue la marche du temps, et pour laquelle la constatation de l'heure n'est en quelque sorte qu'un moyen de contrôle.

La seconde, désignée sous le nom d'*horlogerie civile*, poursuit un but plus modeste : celui de faire connaître à la généralité des citoyens l'heure approximative. C'est à elle qu'on demande les horloges, les pendules, les montres d'un usage courant, appareils offrant une suffisante exactitude pour servir de régulateurs à nos principales actions, sans cependant qu'on exige d'eux un réglage aussi complet que pour l'horlogerie de précision.

Ces deux branches, au surplus, sont si bien considérées

comme répondant à des besoins différents et comportant des exigences spéciales, que M. Paul Garnier, dans son lumineux *Rapport* sur l'Exposition de 1889, établit une démarcation entre elles, et que le jury dont il était l'organe statua séparément sur leurs produits.

Ainsi que nous l'avons dit en commençant, notre but n'est point de traiter ici de la construction même des instruments chronométriques. Nous étudions uniquement l'horlogerie, ne craignons pas de le répéter, dans ses rapports avec l'ameublement et la décoration. Il semble donc que nous n'ayons pas à nous occuper des divers mécanismes qui permettent aux horloges de remplir leur mission, c'est-à-dire de nous révéler par la marche des aiguilles l'évolution de l'heure.

Mais comme la forme extérieure des instruments horaires et même leur décoration doivent s'accorder avec les exigences de ce mécanisme, et surtout ne jamais le contrarier; comme la boîte, le cabinet, la gaine, qui abritent et renferment les ressorts moteurs des aiguilles indicatrices, ne sont en quelque sorte qu'un vêtement qui, pour rentrer dans la logique, doit se modeler sur le corps de l'appareil principal, il importe de connaître les dispositions essentielles que présente chaque sorte d'instruments chronométriques, pour créer entre l'organisme de l'horloge et sa parure extérieure cette harmonie, cette dépendance, cette cohésion, qui constituent une des conditions essentielles des arts industriels.

Ainsi que le remarquait fort bien M. C. Saunier dans son *Rapport* sur l'Exposition de 1878, l'instruction toute spéciale donnée aux apprentis horlogers laisse généralement de côté la confection de ces boîtes, cabinets, gaines, etc., dont la fabrication alimente une industrie à part. « Ce sont, ajoutait M. Saunier, les bronziers, le plus souvent, qui créent les motifs d'ornementation et la forme des cabinets de pendules. Il en résulte parfois des dispositions que condamnent les principes de la mécanique. Une belle enveloppe peut charmer les yeux au début, mais elle ne compensera pas longtemps les désagréments de la mauvaise marche de la machine qui y est enfermée. »

Comme conclusion, le rapporteur de 1878 était amené à souhaiter la création d'un centre d'instruction où les jeunes gens qui se destinent à l'horlogerie pussent acquérir des notions suffisantes de dessin d'ornement, pour que, leurs connaissances techniques aidant, il leur fût possible de donner aux enveloppes de pendules de bonnes dispositions capables de concilier les exigences de l'heure avec les nécessités de la décoration et les caprices de la mode.

C'est ce même but que nous poursuivons par la publication de ce manuel, mais en suivant un chemin différent. La création d'une forme heureuse, et même la bonne disposition d'une ornementation bien comprise constituent des opérations infiniment moins aisées que M. Saunier ne semblait le croire. Ces sortes d'ouvrages réclament un goût particulier, une longue préparation, des études spéciales. C'est pourquoi, au lieu de chercher à initier nos futurs horlogers aux multiples exigences de l'art décoratif, nous croyons plus pratique d'initier nos jeunes décorateurs aux exigences de l'horlogerie.

Nous allons donc nous efforcer de leur indiquer, aussi clairement et aussi exactement que possible, les conditions essentielles et caractéristiques de chaque sorte d'appareils chronométriques qui furent ou qui se trouvent encore en usage, et les exigences auxquelles doivent se conformer leurs enveloppes respectives, pour leur permettre de rendre logiquement tous les services dont ils sont susceptibles et pour ne pas gêner leur fonctionnement.

Comme ces appareils sont extrêmement variés de système, de formes et de construction, et comme les transformations subies par eux ont été progressives, et se trouvent souvent espacées par toute une suite de siècles, nous allons, pour le bon ordre de notre travail, être forcé de renoncer à la division que nous avons adoptée pour nos précédents volumes.

Au lieu de commencer par expliquer la technique essentiellement variable d'un art qui répond, suivant les cas, à des besoins extrêmement variés, nous étudierons successivement, et en nous conformant autant que possible à l'ordre chronologique, les diverses sortes d'horloges usitées aux différentes époques de la civilisation.

De cette façon, l'histoire de cet art curieux se trouvera retracée avec une précision suffisante, pour que le lecteur suive sans effort les principales étapes qu'il a parcourues. Puis, à propos de chacune de ces adaptations, nous indiquerons les précautions à prendre et les règles à observer pour atteindre le but auquel doit tendre tout appareil d'horlogerie, but qui consiste dans la lecture facile de l'heure, sans que pour cela cet appareil cesse de satisfaire aux prescriptions raisonnées de l'art décoratif.

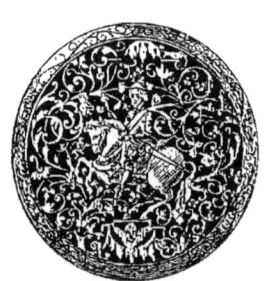

II

LES GNOMONS

« Il faut, dit sir G. Lewis, un vigoureux effort de l'imagination pour se figurer une époque où c'était une difficulté sérieuse de connaître l'heure, de savoir où en était la journée. » Cependant ce temps n'est pas très loin de nous. Il y a deux cents ans à peine, les instruments d'horlogerie, aujourd'hui si répandus, si communs, qui se rencontrent dans les habitations les plus modestes et jusque dans le gousset de nos plus humbles paysans, les horloges, les pendules, les montres, étaient radicalement inconnus dans certaines de nos provinces. En Auvergne, notamment, dans le Morvan, en Bretagne, on ignorait la forme et l'usage de ces appareils.

« M. Boucherat me contoit l'autre jour, écrit Mme de Sévigné à la date du 24 juillet 1675, qu'un curé avoit reçu devant ses paroissiens une pendule qu'on lui envoyoit de France, car c'est ainsi qu'ils disent ; ils se mirent tous à crier en leur langage que c'étoit la Gabelle et qu'ils le voyoient fort bien. Le curé habile leur dit sur le même ton : « Point du tout, mes enfants, ce n'est point la Gabelle, « vous ne vous y connoissez pas ; c'est le Jubilé. » En même temps les voilà à genoux ; que dites-vous du bon esprit de ces gens-là[1] ? »

Si de pareilles méprises étaient possibles en France, au XVIIe siècle, on devine dans quelle ignorance devaient être plongés certains pays beaucoup moins civilisés ; et cependant, comme le dit fort bien sir G. Lewis, il nous faut un

---

1. *Recueil de lettres*, Rouen, 1790 ; tome III, p. 60.

effort de l'imagination pour nous figurer un temps où la connaissance de l'heure présentait des difficultés sérieuses.

Ajoutons qu'il en faut un encore plus grand pour se représenter un temps où la division du jour en heures, qui nous paraît si simple, si naturelle, n'existait même pas ; et si nous rapprochons l'époque de cette féconde innovation — époque qui nous semble assurément fort lointaine — de la chronologie générale du monde, nous verrons qu'en réalité elle est relativement récente, et que l'homme organisé en société a vécu pendant des milliers et des milliers d'années sans qu'il lui vînt à l'esprit de procéder à cette répartition si logique du temps, et peut-être même sans qu'il en sentît le besoin.

On n'est point fixé sur l'époque exacte où, pour la première fois, on recourut à la distribution rationnelle du jour en fractions à peu près régulières. Les deux plus anciens livres que l'humanité possède, l'*Iliade* et la *Genèse,* n'en font pas mention. Racontant la création du monde, Moïse écrit : « Et Dieu dit : « Qu'il y ait des luminaires dans « l'étendue des cieux pour séparer la nuit d'avec le jour, et « qui servent de signes, et pour les saisons, et pour les « jours, et pour les années. »

On peut conclure de cette phrase que chez les Hébreux, et surtout chez les Égyptiens, de qui Moïse avait appris ce qu'il savait en fait de science, les observations astronomiques étaient depuis longtemps pratiquées et que certaines des règles générales auxquelles obéit la marche des astres étaient connues. Mais les commentateurs les plus soigneux ont vainement passé au crible le texte du prophète, ils n'y ont pas découvert la moindre mention, la plus rapide indication d'une heure exacte.

Ses récits, qui sur ce point restent toujours vagues, lorsqu'ils ont à spécifier le moment où s'accomplit une action, parlent fréquemment du matin, du soir, et même de l'instant où le soleil est le plus haut. Ils ne disent rien de plus, ne précisent pas davantage, et l'on a été amené à en conclure que Moïse — de même qu'Homère, chez lequel on relève la même lacune — n'avait pas connu le fractionnement régulier du jour et sa division en un nombre d'heures régulier.

Cependant, ces peuples d'Orient, auxquels les étoiles et le soleil tiennent si fidèle compagnie, ne se contentèrent pas toujours de fixer leurs regards sur le ciel. Ils les reportèrent aussi sur la terre et remarquèrent que l'ombre des hommes, des animaux, des arbres, des édifices, varie de grandeur et de position suivant la hauteur apparente du soleil. Il y avait là un champ naturel d'observations ingénieuses, et ces observations recueillies avec soin, notées, transcrites de génération en génération, codifiées en quelque sorte, servirent de point de repère pour opérer un premier classement.

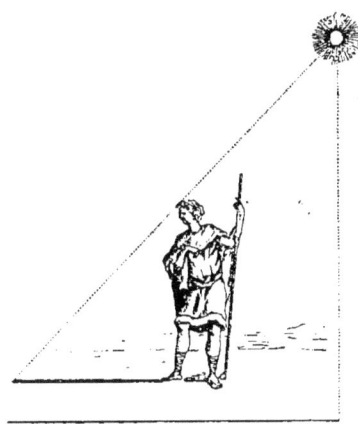

Fig. 7.

Les hommes eurent l'idée de mesurer les principales divisions du jour d'après la grandeur de leur ombre. On disait communément : L'ombre a cinq pieds, trois pieds, deux pieds. Cette manière de compter, qui nous paraît enfantine, persista même longtemps après que les cadrans solaires eurent été inventés, et M. Salomon Reinach constate que — puissance de l'habitude ! — elle était encore en usage en Grèce au temps d'Aristophane[1].

---

1. *Manuel de philologie classique*, p. 204.

Vers quel moment les premiers appareils indiquant, d'après la marche du soleil, les heures successives du jour, commencèrent-ils d'être usités? L'histoire, sur ce point, manque quelque peu de précision. Le plus ancien appareil de ce genre dont il soit fait mention est le cadran d'Achaz, dont parle Isaïe[1]. Ézéchias, étant sur le point de mourir, se repentit de ses fautes, versa des larmes abondantes, et Isaïe, s'adressant à Dieu, lui demanda de vouloir bien prolonger ses jours. Le Seigneur, paraît-il, exauça cette pieuse requête, et comme preuve visible, tangible, de la grâce qu'il accordait à son serviteur, il dit à Isaïe : « Voici que je m'en vais faire retourner l'ombre des degrés par lesquels elle est descendue au cadran d'Achaz de dix degrés en arrière avec le soleil ; » et le soleil « retourna des dix degrés par lesquels il était descendu. »

Nous ne discuterons pas avec les exégètes pour savoir si les degrés dont il est ici question sont, comme l'a pensé Dom Calmet, ceux d'un escalier construit de façon que ses marches s'éclairassent successivement[2], ou si (ce qui semble plus probable) il faut donner au mot degré employé par Isaïe sa signification moderne, et y voir des divisions tracées sur un plan quelconque. Ce qui nous est mieux connu, c'est l'époque où vivait Achaz. Suivant Dom Calmet, il était contemporain d'Homère, et suivant J.-F. Ostervald, Isaïe existait environ 800 ans avant Jésus-Christ. Ces deux dates, en tenant compte de ce fait que le prophète ne parle pas de ce cadran comme d'une chose nouvelle, surprenante, peu connue, fournissent une indication approximative sur le temps où furent établis les premiers appareils de ce genre.

Quelle était la forme de ces instruments horaires? Sans doute celle du GNOMON.

On donne d'une façon générale le nom de gnomon à tout objet qui, exposé aux rayons du soleil, indique l'heure par

---

1. Chap. XXXVIII, v. 8.
2. *Commentaire de la règle de saint Benoît*, t. Ier, p. 277.

les positions successives occupées par son ombre, ou encore par la longueur de cette ombre. Ce nom dérive du grec γνώμη, qui signifie proprement *connaissance*, et peut s'appliquer par conséquent à toute chose qui en fait connaître une autre. Une règle droite, un style, une aiguille dressée verticalement, dont l'ombre indique la marche du soleil, rentrent dans cette catégorie. C'est pourquoi les Grecs désignèrent d'une façon générale ces styles, ces règles droites, ces aiguilles, sous le nom de γνώμων.

Il nous faut remarquer encore que, par une sorte de réciprocité, toute construction verticale, tige, obélisque, pyramide, pan de muraille, portant ombre sur une surface plane, peut, à la rigueur, se transformer en gnomon, à condition que le plan recevant l'ombre soit pourvu de divisions convenables. C'est, au surplus, la forme de pyramide et d'obélisque que revêtirent la plupart des appareils de ce genre.

Plutarque, dans la *Vie de Dion*, rapporte qu'il y avait à Syracuse « au dessoubz du chasteau une horologe à cognoistre les heures au soleil que Dionysius avoit fait faire, lequel estoit hault, élevé et en lieu éminent. Dion, ajoute-t-il, monta dessus et de là feit sa harengue au peuple, qui estoit espandu tout à l'entour de luy [1] ». Ce récit a donné à penser aux archéologues que l'horloge solaire dont Plutarque attribue la construction à Denys le Tyran avait la forme d'une pyramide.

Si l'on en croit Diogène Laërce, le premier gnomon établi en Grèce, et qui aurait été construit à Sparte par Anaximandre, aurait également consisté en une pyramide dont l'ombre indiquait le milieu de la journée. Plus tard Anaximène compléta cet appareil primitif en ajoutant d'autres points de repère correspondant aux principales heures du

---

1. Plutarque, *Vies des hommes illustres*, traduites par Amyot, t. IX, p. 52.

jour[1]. Leroy, dans son ouvrage intitulé *les Ruines des plus beaux monuments de la Grèce,* dit avoir vu sur le rocher qui borde la façade méridionale de l'Acropole un cadran semi-circulaire, dont les indications devaient correspondre à l'ombre d'une aiguille ou d'un obélisque depuis longtemps disparu. Ces sortes de monuments furent assurément très nombreux en Attique.

De Grèce, l'usage du gnomon passa à Rome. Toutefois il est curieux de constater que le peuple romain, dont la précision en toutes choses et l'admirable exactitude nous étonnent, ne connut ces appareils que tardivement, et que la société romaine, déjà fortement organisée, vécut pendant près de cinq siècles sans avoir aucune notion précise de l'heure.

« La seule horloge publique qui existât à Rome, écrit M. Franklin[2], était représentée par l'huissier des consuls. Quand du sénat il apercevait le soleil entre les rostres et la græcostaxis, il annonçait la naissance du jour; il en signalait le déclin quand l'astre était descendu entre la colonne Mænia et la prison. » C'est encore ce qui se passe de nos jours, nous l'avons vu au chapitre précédent, dans les villages musulmans de la côte africaine. Mais les indications de l'huissier consulaire étaient plus discrètes que les appels du muezzin. Aussi les nobles romains apostaient-ils à la porte du sénat des esclaves spéciaux, auxquels ils déléguaient le soin de venir en courant les avertir du lever et du coucher officiels du soleil. Dans l'intervalle, ils n'avaient pour se guider sur la marche du temps que les

---

1. Cette attribution à Anaximandre du premier gnomon construit en Grèce, attribution qui est devenue en quelque sorte classique, à ce point que les auteurs modernes regardent ce savant comme l'*inventeur* du gnomon (voir Salomon Reinach, *Manuel de philologie classique*, p. 204), cette attribution est contredite par Hérodote, qui affirme que l'art de construire ces appareils fut importé en Grèce par le Chaldéen Bérose environ trente ans avant l'époque où Hérodote écrivait.

2. *La Mesure du temps*, p. 2.

remarques personnelles qu'ils pouvaient faire, la constatation de la grandeur de leur ombre ou la situation des astres au-dessus de l'horizon.

Ce fut seulement en 491 que le sénat fit établir un gnomon sur le Forum, et à partir de ce moment les *horaires* commencèrent à se multiplier en Italie et à revêtir les formes les plus variées. Ajoutons que cette propagation d'un appareil si utile ne constitua pas un fait aussi simple que pourrait le croire le lecteur inexpérimenté. Ainsi que le remarque fort bien Vitruve dans l'étude qu'il nous a laissée de ces premiers monuments d'horlogerie, « l'ombre du gnomon équinoxial possède une longueur différente à Athènes, à Alexandrie, à Rome, et varie suivant les lieux de la terre. Aussi les plans de ces sortes d'horloges présentent-ils de très grandes différences, suivant les changements de localité. »

Des calculs savants étaient par conséquent nécessaires pour établir chacun de ces gnomons, et ces calculs étaient d'autant plus délicats que d'un jour à l'autre la position de la terre relativement au soleil varie, et qu'il faut tenir compte de ces variations journalières pour connaître l'heure avec une certaine exactitude. C'est ce que Vitruve explique fort bien lorsqu'il ajoute : « C'est d'après la grandeur des ombres équinoxiales qu'on décrit la figure des analèmes au moyen desquels on tire, suivant la situation des lieux et l'ombre du gnomon, les lignes qui indiquent les heures. L'analème est un instrument réglé d'après le cours du soleil, et dû à l'observation des ombres qui décroissent à partir du solstice d'hiver; il sert, à l'aide de l'équerre et du compas, à décrire les effets de cet astre dans le monde. »

La construction d'un gnomon ou l'adaptation d'un édifice préexistant à l'établissement d'un appareil de ce genre nécessitait donc des précautions exceptionnelles. C'est pourquoi l'histoire a soigneusement enregistré la création d'un certain nombre de ces *horaires*. Sous le règne d'Auguste, un mathématicien nommé Manlius transforma en gnomon un obélisque haut de plus de cent pieds que ce prince avait érigé dans le Champ de Mars. « Cet obélisque se voit encore à Rome, écrit l'illustre Lalande, quoique abattu et fracassé [1]. » Vers le milieu du XVIII° siècle on mit au jour, dans les fouilles exécutées à Tusculum, un gnomon dont le style avait la forme d'un priape. Au surplus, ces appareils devinrent d'un usage général dans presque tous les pays du globe. On en a découvert en Égypte, en Chine, en Perse et jusqu'en Amérique [2].

En 1278, Cocheou King édifia à Pékin un gnomon de quarante pieds. En 1430, Ulug Beg en construisit un autre à Samarcande qui ne mesurait pas moins de cent soixante-cinq pieds de hauteur.

Enfin, au commencement du XVI° siècle [3], Marguerite d'Autriche fit exécuter sur l'esplanade qui précède l'église de Brou un gnomon d'une espèce unique, et qui se distinguait de tous ceux connus jusque-là en ce qu'il était dépourvu de style. Celui-ci était fourni par la personne même qui voulait connaître l'heure. Cette personne se plaçait sur une longue dalle, où se trouvaient inscrites sur deux lignes parallèles, les initiales des douze mois de l'année, en ayant soin de se rapprocher autant que possible de la lettre correspondant au mois dans lequel on se trouvait, et son ombre allait se projeter sur le chiffre indiquant l'heure.

Ces chiffres, qu'on peut voir encore, et dont le tracé décrit une courbe elliptique, sont espacés inégalement entre eux, et dans leur disposition on a tenu compte de la projection de l'ombre à chaque heure du jour. Ils sont au nombre

---

[1]. Lalande donne, au volume IV de son *Voyage en Italie*, une description de ce monument, qui nous a également valu un savant ouvrage de Bandini : *Dell' Obelisco de Cesare Augusto*, publié à Rome, in-fol., 1750.

[2]. Voir Garcilaso de la Vega, *Comentarios reales de los Incas*.

[3]. La construction de l'église de Brou fut commencée en 1511. Elle fut achevée en 1536.

de vingt-quatre et consistent en cubes de pierre gravés. Jadis ils étaient faits de grands carreaux en terre cuite portant des chiffres émaillés. Le passage continuel des fidèles eut à la longue raison de l'émail d'abord, et ensuite des briques elles-mêmes, et ce singulier *horaire* était à la veille de disparaître pour toujours, quand, en 1750, l'illustre Lalande, originaire de Bourg, le rétablit à ses frais. Bien mieux, dans un mémoire inséré dans le *Recueil de l'Académie des sciences* pour l'année 1757 [1], il prit la peine d'expliquer au monde savant la curieuse construction de cet appareil unique.

On comprend que le style mouvant du gnomon de Brou n'ait jamais pu donner que des indications fort approximatives. L'ombre des grands gnomons dont nous venons de parler, bien que présentant des profils moins incertains et bien que le climat leur fût plus favorable, ne laissait pas non plus que de manquer parfois de netteté. Il était souvent difficile de lire exactement les indications fournies par une ombre portée, projetée à une longue distance.

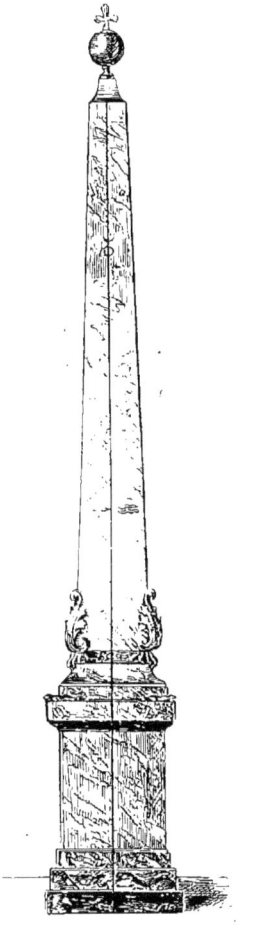

Fig. 8. — Gnomon de Sully.
(ÉGLISE SAINT-SULPICE.)

Pour donner plus de précision aux renseignements donnés

1. Cet appareil, exceptionnel en son genre, est de nouveau à la veille de disparaître, et se trouve en partie enfoui sous la terre et les gravats

par ces appareils, on substitua à la pointe qui généralement terminait le style, un disque de métal percé à son centre d'un trou rond et de petit calibre. La lumière solaire, en passant par ce trou, faisait sur le sol une tache lumineuse se détachant au milieu d'un cercle foncé, et les indications devinrent ainsi plus exactement et plus facilement perceptibles.

Cette modification amena les astronomes à attribuer une autre forme à leurs gnomons. Au lieu d'élever en plein air des aiguilles ou des styles d'une hauteur considérable, on perça dans la voûte de monuments existants, en ayant soin de choisir une orientation convenable, un trou analogue à ceux qui traversaient les disques dont nous venons de parler. La lumière passant par ce trou allait se projeter ensuite sur la paroi opposée ou sur le sol; et ceux-ci, pourvus d'une méridienne graduée avec soin, fournirent désormais les indications qu'on demandait précédemment aux gnomons érigés en plein air.

C'est d'après ce principe que furent établis au xve siècle par Paul Toscanella [1] le gnomon de la cathédrale de Florence, celui de l'église Saint-Pétrone de Bologne, construit par le P. Ignace Dante en 1575, revu et complété de 1653 à 1655 par le célèbre Cassini; la méridienne de la grande salle de l'observatoire de Paris, exécutée par Picard en 1669 et refaite en 1730 par le fils Cassini, qui ne fut guère moins célèbre que son père; le gnomon des Chartreux de Rome, commandé en 1701 par le pape Clément XI à François Bianchini et à J.-P. Maraldi, neveu de Cassini; le fameux gnomon de l'église Saint-Sulpice, à Paris, établi en 1728 par l'horloger Sully et augmenté et perfectionné en 1743 par Lemonnier, membre de l'Académie des sciences; et enfin

provenant de la restauration du portail. Il semble qu'il mériterait un meilleur sort, à cause de sa construction si particulière, et des noms justement célèbres qui se rattachent à son histoire.

1. Mort en 1481.

celui qu'on peut voir encore à Versailles dans la chambre dite des Pendules.

Hâtons-nous de constater que tous ces beaux et savants ouvrages furent édifiés bien moins dans le but de faire connaître l'heure, que désormais, et grâce à d'autres appareils moins capricieux, il était facile de savoir, que pour pouvoir procéder à des observations astronomiques. L'époque des fêtes mobiles de l'Église catholique se réglant sur la constatation de l'équinoxe, et celui-ci variant d'une année à l'autre, il importait au clergé de savoir exactement quels jours équinoxes et solstices doivent se produire. Tel fut le point de départ de ces observations, qui servirent par la suite aux progrès de la science, mais qui sortent du cadre étroit que nous nous sommes tracé, car elles rentrent dans le domaine de la chronométrie astronomique.

Quant à la décoration de ces divers gnomons, point essentiel de notre étude, si elle fut parfois d'une simplicité quelque peu rudimentaire, par contre elle comporta dans d'autres circonstances un déploiement d'ornementation voisin de la somptuosité. Tout le monde a pu voir dans l'église Saint-Sulpice le beau gnomon de Sully, qui affecte la forme d'un gracieux obélisque[1]. Celui construit à Rome par Bianchini était orné de figures représentant les signes du zodiaque incrustés dans le marbre, et d'étoiles en bronze doré qui faisaient considérer, par l'astronome Lalande, ce monument comme le plus riche et le plus orné en son genre de tous ceux qui existaient de son temps.

Enfin, il appartenait au XVIIIe siècle, plus frivole que les siècles précédents, de faire servir ces sortes d'appareils à la distraction des badauds et à l'amusement du public. En

---

[1]. Il convient de remarquer que la forme d'obélisque qu'affecte le gnomon de Saint-Sulpice n'a aucune relation avec le genre de services que rend cet appareil, et qu'elle lui a été donnée vraisemblablement en commémoration de la structure la plus généralement adoptée pour les gnomons antiques.

1783[1], le sieur Regnier, « mécanicien du duc de Chartres », appliqua le système des gnomons à disques évidés à la confection de petits appareils de physique amusante.

Au lieu de laisser le trou du disque libre, il le garnit d'une lentille assez forte pour que les rayons du soleil passant au méridien, et concentrés par l'effet de cette lentille sur quelques grains de poudre, pussent enflammer celle-ci et mettre en mouvement un ressort, qui faisait, à son tour, agir un carillon indiquant l'heure précise de midi.

Le sieur Regnier construisit plusieurs de ces appareils pour des jardins publics de Paris; il en fit également un pour la ville de Semur en Auxois, alors sa résidence; mais il fut bientôt distancé par le sieur Rousseau qui à la musique discrète du carillon substitua la détonation plus guerrière d'une petite pièce d'artillerie, et établit le premier canon de ce genre qui fut au Palais-Royal.

Ces derniers appareils, bien que constituant de véritables horloges, puisqu'ils ont pour mission de nous faire connaître l'heure, doivent être considérés comme des instruments purement exceptionnels. Il en est de même des gnomons, qui, nous venons de le dire, ne peuvent être construits deux fois de suite dans les mêmes conditions, et dont l'organisme, si l'on peut employer ce mot, gouverne la décoration et la forme.

Il est donc impossible d'indiquer pour l'ornementation de ces appareils des règles générales, puisqu'il ne s'agit dans l'espèce que de cas essentiellement particuliers.

1. Voir *Gazette de France* du 18 avril 1783.

III

DES CADRANS SOLAIRES

L'établissement particulièrement compliqué des gnomons donna naissance à une science qui prit le nom de *gnomonique*. Vitruve, dans l'étude si consciencieuse qu'il consacre à la mesure du temps, nous apprend que, bien avant le commencement de notre ère, la gnomonique avait pris un développement considérable, et ce développement est d'autant plus remarquable, que les calculs à la fois très savants et fort compliqués auxquels on était obligé de recourir pour obtenir des indications d'une exactitude suffisante, avaient tous pour point de départ une conception erronée du système solaire. « Le monde, écrit Vitruve[1], comprend toutes les parties de la nature, par conséquent le ciel et les étoiles. Le ciel tourne sans cesse autour de la terre et de la mer, sur un axe dont les extrémités servent de pivots; car dans ces endroits la puissance qui gouverne la nature a construit et placé deux pivots semblables à deux centres : l'un, partant de la terre et de la mer, va aboutir au plus haut du ciel, auprès des étoiles du septentrion ; l'autre, diamétralement opposé, se trouve sous la terre dans les parties méridionales. Là, autour de ces pivots, comme autour de deux centres semblables à ceux d'un tour, elle a placé deux petits cercles appelés en grec πόλοι, sur lesquels le ciel tourne sans cesse : la terre, placée au milieu avec la mer, en est naturellement le centre. »

Malgré cette conception fautive, qui fut, du reste, acceptée sans discussion jusqu'au jour où Copernic (1543), Ke-

---

[1]. *Architecture*, lib. IX, § 1.

pler (1625) et Galilée (1633) eurent démontré scientifiquement le mouvement de la terre, la gnomonique parvint, pendant une longue suite de siècles, non seulement à résoudre les multiples problèmes que soulevait la construction des gnomons, mais à doter le vieux monde d'un nombre considérable de cadrans solaires de modèles différents.

C'est ainsi que le Chaldéen Bérose passe pour avoir le premier établi le cadran semi-circulaire creusé dans un cube de pierre et construit sur un plan incliné. Le *scaphé* ou cadran hémisphérique, ainsi que le *disque* horizontal, sont l'œuvre d'Aristarque de Samos. L'*arachné* fut imaginée suivant les uns par l'astronome Eudoxe, suivant d'autres par Apollonius. Scopinas de Syracuse inventa l'espèce de cadran qu'on baptisa *plinthium* ou *lacunar* et dont un modèle fut placé dans le cirque de Flaminius à Rome. Enfin on doit à Parménion la sorte de cadrans appelée πρὸς τὰ ἱστορούμενα ; à Théodosius et à Andréas celle connue sous le nom de πρὸς πᾶν κλίμα ; à Patrocle le *pélécinon ;* à Dionysiodorus le *cône ;* à Apollonius le *carquois,* etc., variétés de cadrans sur la forme, la disposition et le fonctionnement desquels nous ne sommes pas aussi exactement fixés qu'on pourrait le souhaiter, mais dont le nombre, à défaut d'autres indications, atteste que, dès cette lointaine époque, la gnomonique savait résoudre les plus délicats problèmes. Et ce n'est point tout : Vitruve, en effet, rapporte que plusieurs des mathématiciens dont nous venons de tracer les noms s'étaient préoccupés de rendre les cadrans portatifs, de façon qu'on pût s'en servir en voyage.

Au Moyen Age, un grand nombre de savants arabes écrivirent des traités de gnomonique qui, malheureusement, sont demeurés manuscrits. Enfin, en Europe, Jean Schoner (1520), Élie Vinet (1525), Munster (1531), Oronce Fine (1532), Vico Mercati (1550), Commandin (1560), Maurolicus de Massim (1575), Chavius (1581), Salomon de Caus (1624), le P. Kircher (1646), Maignan (1648), J. Collins

(1658), et plus récemment le P. Alexandre, La Hire, dom Bédos de Celles, Ozanam, Lalande, etc., ont publié sur cette science des livres d'un haut intérêt, des études ou des mémoires d'une indiscutable valeur, ou encore ont fourni les indications les plus précises pour la construction de ces appareils, et contribué ainsi à les amener à leur point de perfection.

On a défini les cadrans solaires « la description de certaines lignes sur un plan ou sur la surface d'un corps donné, faite de telle manière que l'ombre d'un style ou les rayons du soleil passant à travers un trou pratiqué au style, tombent sur certains points à certaines heures[1] ».

On peut diviser ces cadrans appelés à fournir l'heure au public en deux classes : les cadrans isolés, ou indépendants, dont la bonne orientation est toujours possible, et ceux qui sont établis sur des murs préexistants et exposés au soleil d'une façon qui n'est pas toujours aussi favorable qu'on pourrait le souhaiter. Pour ces derniers, il peut se faire que la surface destinée à les recevoir ait été au préalable et intentionnellement orientée d'une façon normale. Dans ce cas le problème demeure relativement simple. De

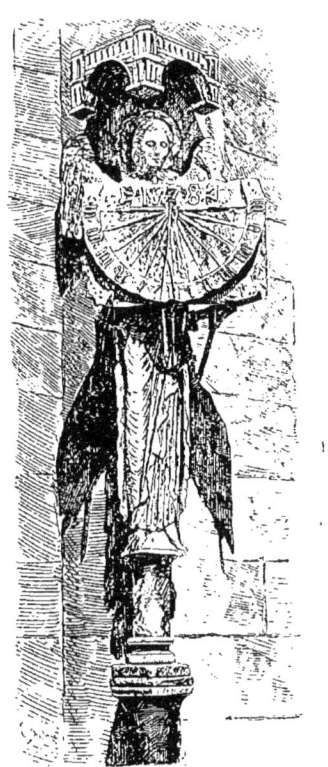

Fig. 9. — Cadran solaire de la cathédrale de Chartres.

---

1. *Encyclopédie*, t. II, p. 517, à l'article CADRAN, signé d'Alembert.

tous les édifices de ce genre, le plus curieux, le plus complet et aussi le plus célèbre est assurément la fameuse *Tour des vents* à Athènes[1]. Mais ordinairement il n'en est pas ainsi, et la diversité, au point de vue de la construction, provient le plus souvent de la situation particulière du plan sur lequel ils sont tracés, et de l'irrégularité des surfaces appelées à les recevoir. De là ces nombreuses variétés de cadrans *verticaux, horizontaux, élevés, inclinants, déclinants, cylindriques*, etc., dont les ouvrages spéciaux expliquent la construction, et pour l'établissement desquels les érudits dont nous venons d'indiquer les noms ont établi des formules aussi remarquables qu'ingénieuses.

Pour ceux de ces cadrans qui sont appelés à prendre place sur la façade d'un édifice public ou sur la muraille d'un palais, une décoration d'une certaine richesse s'impose; mais soit qu'ils comportent un simple encadrement, comme le fameux cadran du Palais-Royal, sur lequel le Tout Paris élégant du XVIIIe siècle venait régler sa montre, soit qu'ils se compliquent de figures, d'attributs et d'allégories, comme le cadran qu'on admirait jadis à Fontainebleau dans le jardin de l'Orangerie; encore doit-on laisser toujours la table où sont tracées les lignes indicatrices absolument dépourvue d'ornements, de peur de rendre la lecture des indications moins facile.

La connaissance de l'heure est, en effet, le but essentiel du cadran. C'est — il ne faut jamais l'oublier — son unique raison d'être. Rien ne doit gêner le spectateur ou le contrarier dans son inspection. Rien ne doit distraire ou troubler son regard. Cela est si vrai que, à maintes reprises, les savants les plus autorisés ont protesté avec énergie non seulement contre certaines décorations malencontreuses

---

1. Ce petit édifice de marbre blanc, extrêmement intéressant, est de forme octogonale. Il porte sur chacune de ses faces un bas-relief représentant un des vents principaux, et au-dessous de chacun de ces bas-reliefs un cadran solaire.

qui manquaient de la discrétion nécessaire, mais même contre la complication d'indications scientifiques, contre la multiplication plus curieuse qu'utile des lignes et des points

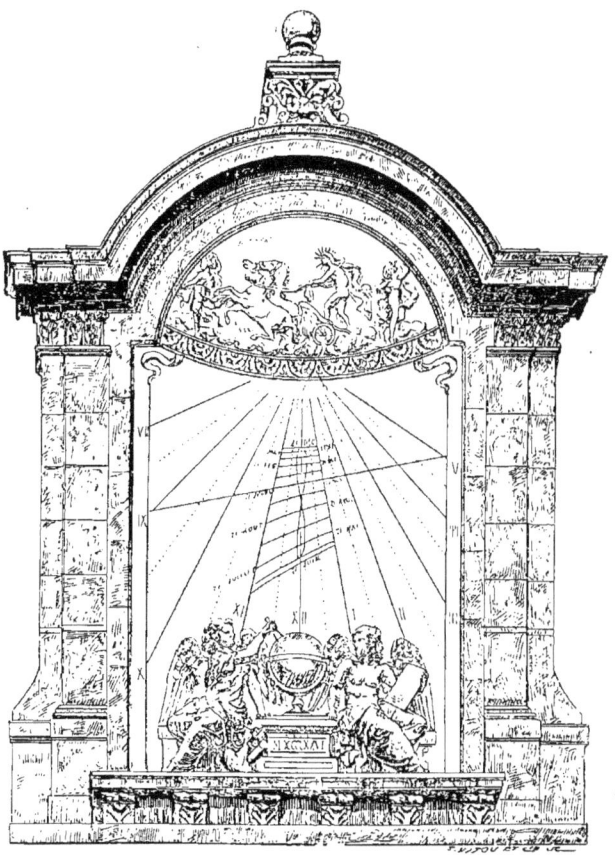

Fig. 10. — Cadran solaire de la Sorbonne.

qui, sous prétexte de fournir au public des renseignements précieux, l'empêchent de distinguer exactement la ligne d'ombre projetée par l'aiguille, ou le chiffre vers lequel elle se dirige. « Les conditions les plus essentielles pour un bon cadran solaire, écrit à ce propos d'Alembert, c'est que les lignes horaires et surtout la méridienne y soient bien tracées et le style bien posé, et toutes les autres lignes qu'on y peut décrire pour marquer autre chose que les heures du lieu où l'on est, peuvent être quelquefois nuisibles par trop de confusion. » Enfin il ne faut jamais perdre de vue la distance moyenne à laquelle l'appareil doit être considéré, et calculer l'épaisseur des traits indicateurs, la grosseur des lettres et des caractères, l'importance du style, de façon qu'ils demeurent toujours faciles à distinguer.

Par suite d'impéritie ou de négligence, la plupart des cadrans solaires anciens — même de ceux qui jouissaient d'une grande réputation auprès du public — ont été détruits. Ceux qui ont survécu, ainsi que le remarque fort sagement M. Ch.-Ed. Guillaume[1], « nous paraissent aujourd'hui des débris d'un autre âge... Lorsque dans un hameau reculé le voyageur aperçoit peint au mur d'une vieille église un cadran indiquant les heures par l'ombre d'une tringle de fer, il l'examine comme une antiquité. » La destruction de ces vénérables appareils n'a point été cependant assez méthodique pour qu'il ne nous en reste encore quelques-uns qui peuvent servir de modèles par leurs proportions satisfaisantes ou par la façon heureuse dont ils sont disposés. Nous citerons notamment le cadran de la cathédrale de Chartres, qui, datant du XIIe siècle, mais restauré en 1578, représente un ange tenant entre ses bras un demi-cercle armé d'un style et portant les divisions horaires. Tous nos lecteurs comprendront à quelles gracieuses combinaisons — en variant le sexe, l'âge, la qualité, la pose du personnage formant support — cette ingénieuse disposition peut donner naissance (voir fig. 9).

Dans un ordre d'idées moins hautement artistique, le

---

1. La *Nature*, n° 915 (15 décembre 1890), p. 25.

cadran solaire qu'on voit dans la grande cour de la Sorbonne (fig. 10) semblera un modèle à suivre. La disposition est convenable à tous égards, et son ornementation, suffisamment développée pour encadrer dignement l'ouvrage,

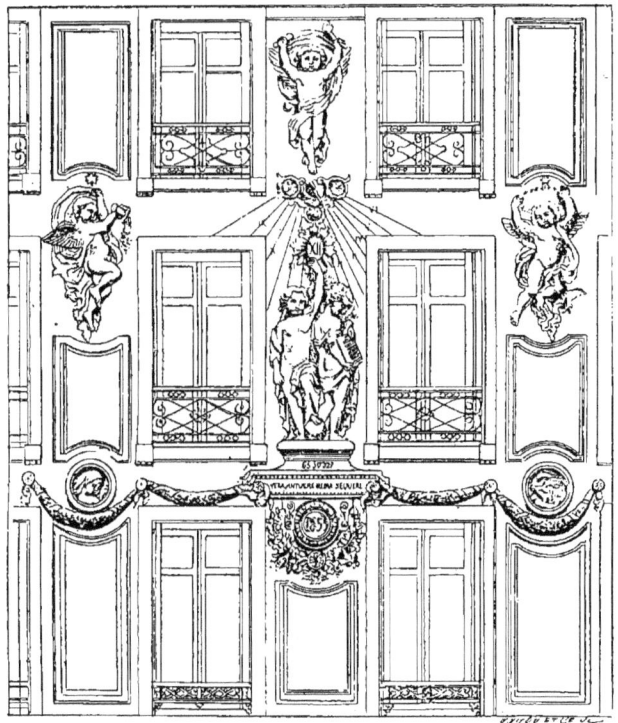

Fig. 11. — Cadran solaire du 122 de la rue de Rivoli.

ne nuit en rien à la claire vision du style et de ses indications. Plus simples encore sont les trois cadrans *oriental, méridional, occidental* qu'on peut voir dans la cour d'honneur de l'hôtel des Invalides et qui, restaurés il y a une quinzaine d'années, donnent les heures *babyloniques* et *italiques* [1]. Enfin, n'oublions pas de dire un mot du remarqua-

1. Les Babyloniens faisaient commencer le jour au coucher du so-

ble cadran exécuté il y a une trentaine d'années sur la façade de la maison qui porte le n° 122 de la rue de Rivoli, œuvre du sculpteur Gruyère, artiste de grand talent et ancien prix de Rome. Cette jolie décoration associe dans une mesure heureuse un certain nombre de figures accessoires au motif principal, etc. Par une remarquable répartition des petits génies sur les pleins de la construction, elle rend l'orne-

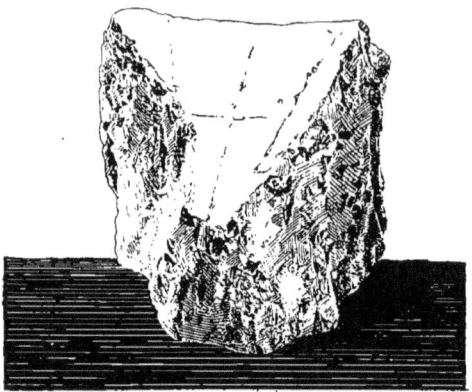

Fig. 12. — Fragment de cadran antique rapporté de Syrie par M. Renan.
(CONSERVATOIRE DES ARTS ET MÉTIERS.)

mentation de la façade entière solidaire de ce *solaire* d'un nouveau genre.

Les trois sortes de cadrans que nous venons de passer en revue constituent, comme leurs ancêtres les gnomons dont nous avons parlé dans notre précédent chapitre, des appareils fixes, devenus des immeubles véritables par leur structure et par leur destination. Indépendamment de ces appareils, on a senti, dès la plus haute antiquité, la nécessité d'en confectionner de mobiles qui fussent indépendants de toute construction préexistante et qui, par conséquent,

leil, les Romains au lever de cet astre ; de là deux façons de compter les heures très différentes, et celles-ci, suivant qu'elles étaient comptées d'une façon ou de l'autre, reçurent le nom d'heures babyloniques et d'heures italiques.

pussent être normalement orientés. La plupart des cadrans décrits par Vitruve et que nous mentionnons en tête de ce chapitre rentrent dans ce cas.

En 1746, le P. Boscovich trouva en Italie un de ces cadrans, « en hémicycle creusé dans un cube et construit sur un plan déclinant », dont l'invention est attribuée au Chaldéen Bérose. Tout récemment, nous avons pu voir en Algérie, à Hammam Meskoutine (fig. 14), un appareil du

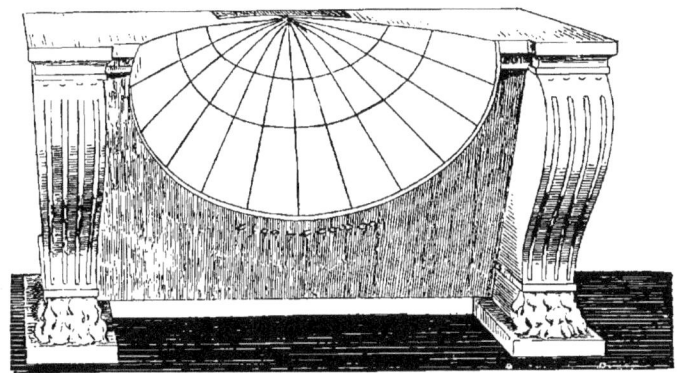

Fig. 13. — Même cadran complété et restitué par le colonel Laussedat.
(CONSERVATOIRE DES ARTS ET MÉTIERS.)

même genre découvert il y a un an ou deux à Announa, sous les ruines de l'ancienne Tibilis. On en peut conclure que cette forme de cadran était assez généralement usitée.

Le conservatoire des Arts et Métiers possède un fragment de cadran conique, dans le genre de ceux dont Vitruve attribue l'invention à Dionysiodorus. Ce fragment, découvert en Syrie par M. Renan, a permis à M. le colonel Laussedat de restituer intégralement un de ces appareils, restitution que le Conservatoire possède également dans ses riches vitrines. Enfin, nous avons constaté que plusieurs savants s'étaient, bien avant notre ère, préoccupés de construire ce qu'on appelait alors des *viatoria pensilia,* c'est-à-dire des cadrans portatifs pouvant être utilisés en voyage.

En 1755, dans les fouilles opérées à Herculanum, on mit au jour un petit cadran de cuivre argenté se rapprochant comme aspect, à ce qu'écrit Lalande, de la forme d'un jambon. Sur l'une des faces de cet étrange objet, qui pouvait s'accrocher à la muraille à l'aide d'un anneau, on remarquait sept lignes perpendiculaires où était indiquée pour chaque mois la longueur de l'ombre aux différentes heures du jour. Ces indications étaient fournies par des lignes courbes venant couper les perpendiculaires. On ne put trouver le style qui complétait ce curieux instrument, mais il était facile de constater que l'aiguille originelle devait se mouvoir sur la ligne horizontale placée au sommet du cadran, et qu'on devait la faire avancer ou reculer suivant le mois, afin qu'elle marquât, par l'incidence de son ombre, l'heure exacte.

Au Moyen Age, on construisit également un certain nombre de ces petits cadrans portatifs, la plupart de forme circulaire ou enfermés dans des boîtes hexagonales, octogonales ou carrées. On en fit aussi de formes et de constructions fort différentes. A partir du XIVe siècle, les *Inventaires* princiers et royaux en mentionnent souvent. Beaucoup sont d'une rare magnificence, constituent de véritables bijoux, et attestent par leur luxe même le prix qu'on attachait à leur possession. L'*Inventaire de Charles V* en décrit plusieurs qui sont en or, ornés de perles et de camées. L'Inventaire de Charles VI nous apprend que ce prince emportait dans ses déplacements « un cadran d'argent rond, esmaillé, (enfermé) en un estuy de cuir bien ouvré d'ymaiges ». Dans les *Inventaires, testaments, estimations,* etc., des reines et princesses, nous en avons relevé quelques-uns qui étaient en ivoire. Nous citerons notamment l'*Inventaire de Marguerite d'Autriche*, où l'on remarque « deux cadrans d'yvoire, l'ung rond, l'aultre carré, sur ung pillier de mesme yvoire ». Dans celui de Catherine de Médicis on note également un cadran du même genre. La mode de ces jolis appareils se continua, au surplus, jusqu'au milieu du XVIIe siècle. A cette époque ils servaient surtout à régler les montres, qui, médiocrement construites, avaient grand besoin qu'on les remît dans le droit chemin. Bien que nous ayons résolu de passer sous silence ce qui, dans la construction de ces appareils, est purement scientifique, il nous est bien difficile cependant de ne pas dire quelques mots de la théorie sur laquelle repose l'établissement de ces gracieux petits meubles.

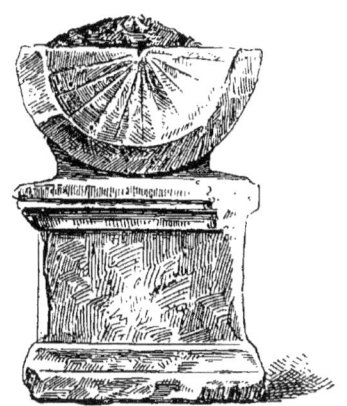

Fig. 14. — Cadran antique en marbre blanc, à Hammam Meskoutine.

Nous avons vu plus haut que, dans l'Antiquité, on était persuadé que la calotte céleste et les astres qu'elle comporte étaient animés d'un mouvement régulier autour de la terre, évoluant sur un axe appuyé lui-même sur deux points, que les Grecs nommaient πόλοι, et auxquels nous avons conservé le nom de pôles. Les Anciens, nous l'avons vu également, avaient remarqué que l'inclinaison et la longueur proportionnelle de l'ombre variaient suivant la position des localités[1]. Pour que l'appareil pût fonctionner, il fallait donc en premier lieu qu'il fût orienté, c'est-à-dire que son style fût parallèle à cet axe du monde autour duquel le soleil était censé tourner,

---

1. « On a vu. écrit Vitruve, que l'ombre du gnomon équinoxial a une grandeur différente à Athènes, à Alexandrie, à Rome, à Plaisance et dans les autres lieux de la terre. Voilà pourquoi les cadrans présentent de si grandes différences dans leur plan, suivant le changement des lieux. » (VITRUVE, *Architecture*, IX, 1.)

et par conséquent que sa pointe fût dirigée vers le pôle; il fallait, secondement, que l'inclinaison du style fût proportionnée à la latitude du lieu.

Au Moyen Age, les connaissances astronomiques n'étaient pas beaucoup plus avancées que dans le monde antique, mais on possédait la boussole, grand avantage qui permettait d'orienter sans hésitation l'instrument. Aussi la plupart de ces cadrans portatifs que l'on conserve encore, sont-ils munis d'une boussole. En outre, les constructeurs de cadrans avaient soin de compléter leur appareil, à l'aide d'un tableau indiquant la latitude des localités les plus fréquentées et l'inclinaison correspondante de l'aiguille servant de style. Celle-ci pouvant se mouvoir sur un arc de cercle gradué, il était permis de cette façon de gratifier ces petits cadrans d'un fonctionnement à peu près exact. Ce que nous venons d'expliquer suffit à faire comprendre

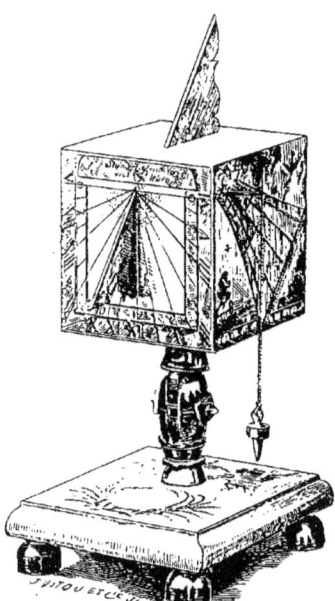

Fig. 15. — Petit cadran cubique avec orientations diverses. (XVIIᵉ siècle.)

l'étonnante variété de formes que l'ingéniosité sans cesse en éveil de nos pères sut faire prendre à ces instruments. Autant de manières de résoudre le problème posé, autant de cadrans différents comme aspect et comme structure. On en fit en forme d'anneaux, de cubes, munis sur cinq de leurs faces de styles de cuivre (fig. 15); on donna à certains d'entre eux l'apparence de petits cylindres verticaux, porteurs d'un style (fig. 18). Enfin, la fantaisie venant brocher sur le tout, quelques-uns revêtirent l'aspect de meubles au moins singuliers, de coffrets, de vases, voire de mandolines. Tant il est vrai que la verve créatrice de nos ancêtres était inépuisable. Mais le plus grand nombre, nous l'avons dit, continuèrent d'être enfermés dans de petites boîtes carrées, rondes, octogonales ou hexagonales, constituant souvent de véritables bijoux, jusqu'au jour où la mode les fit remplacer par les montres.

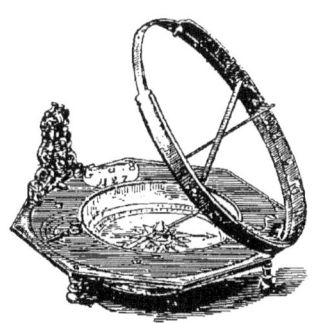

Fig. 16. — Petit cadran de voyage en cuivre ciselé et doré.

Qu'on ne s'y trompe pas, toutefois, les plus perfectionnés de ces appareils au point de vue de la construction n'ont cessé d'être d'une utilité réelle qu'à une époque relativement récente. Le cadran solaire de précision, jusqu'à l'invention du télégraphe électrique, était à peu près indispensable à nos horlogers de petites villes pour contrôler la marche de leurs montres. Ces instruments, dépouillés de toute vaine ornementation, mais d'une construction très précise, se complétaient d'une *table d'équation* qui, placée dans un endroit bien visible, indiquait pour chaque jour de l'année l'heure du passage du soleil au méridien.

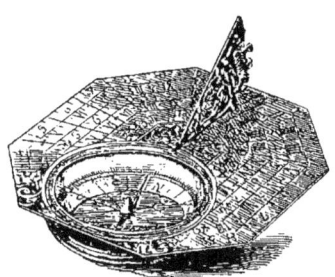

Fig. 17. — Petit cadran de voyage en cuivre ciselé et doré.

Le télégraphe, en permettant à nos observatoires de transmettre, chaque jour et jusque dans nos villages, un signal d'heure, a mis fin à ces opérations de contrôle qui, il y a cinquante ans, avaient encore leur raison d'être et qui ont absolument cessé d'être pratiquées.

On en peut dire autant des cadrans solaires muraux, que personne aujourd'hui ne songe plus à consulter. Casanova, traversant le Palais-Royal vers 1750, s'étonnait de voir « beaucoup de monde dans un coin du jardin se tenant le nez en l'air,... attentif à la méridienne, chacun sa montre à la main pour la régler au point de midi ». De nos jours, c'est aux horloges publiques, aussi nombreuses qu'on peut le souhaiter, et marchant avec une exactitude suffisante, que les citadins jaloux de posséder l'heure précise demandent ce genre de services. Encore les progrès réalisés depuis vingt ans par l'horlogerie civile rendent-ils ces rectifications de moins en moins nécessaires.

Les cadrans solaires privés et publics, mobiles ou immobilisés, sont donc appelés fatalement à disparaître dans un temps assez prochain, en tant qu'instruments d'horlogerie. C'est en vain que quelques essais curieux ont été tentés depuis un siècle pour ramener l'attention sur ces appareils démodés. La plus intéressante de ces tentatives fut certainement celle du sieur Rousseau, qui essaya de leur rendre une partie de la faveur dont ils avaient joui, en construisant des cadrans solaires sur glace qu'il nomma « parlants ». Il ne pouvait réussir, toutefois, dans une entreprise condamnée d'avance. Le goût n'était plus à ces sortes d'observations, et l'utilité des cadrans solaires est devenue depuis lors de plus en plus discutable.

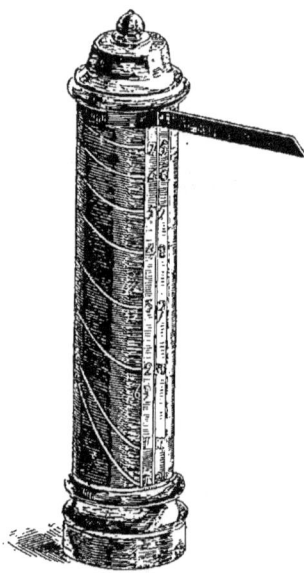

Fig. 18. — Cadran cylindrique de poche, en bois tourné et gravé.

IV

LES CLEPSYDRES

Les cadrans solaires, s'ils étaient arrivés, grâce à de nombreux et savants perfectionnements, à donner l'heure d'une façon suffisamment exacte, présentaient ce grand inconvénient de fournir seulement des indications diurnes, et encore pour que ces indications fussent lisibles fallait-il un ciel clair, limpide, dépourvu de nuages. Dans les pays où l'atmosphère est chargée de brumes, cet appareil, quelque perfectionné qu'il fût, ne laissait donc pas de présenter de regrettables lacunes, que, dès une époque fort ancienne, on dut s'occuper de combler. Un des premiers instruments d'horlogerie qu'on imagina dans ce but fut la clepsydre.

Dans le principe, comme la marmite en cuivre de l'*oukil el ma* dont nous parlons dans notre premier chapitre, et qui est encore en usage dans les oasis sahariennes, la clepsydre paraît avoir constitué un appareil purement et uniquement chronométrique. Elle consistait en un vase d'une capacité soigneusement calculée, qu'on emplissait d'eau et qui se vidait en un temps déterminé. A Athènes, lorsque le tribunal prenait séance, pour mettre un frein à la trop compendieuse éloquence des avocats, il fixait à l'avance le temps que devait durer chaque plaidoyer, et ce temps était mesuré à l'aide de clepsydres. Si l'une des parties faisait entendre des témoins, ou donnait lecture d'actes importants, la marche de ces appareils était suspendue, pour être reprise quand l'avocat recommençait à parler [1].

---

1. S. Reinach, *Manuel de philologie*, p. 221; P. Dubois, *Histoire de l'horlogerie*, p. 51.

C'était ce qu'on appelait *aquam sustinere*. L'importance d'une affaire pouvait donc s'estimer d'après le nombre de clepsydres que les juges accordaient à chacune des parties. Mais comme la bonne foi n'était pas toujours le fait des plaideurs de ce temps, il arrivait souvent qu'un des avocats accusait son adversaire d'avoir soudoyé l'esclave chargé de préparer les clepsydres, pour qu'il remplît moins exactement celles qui lui étaient réservées, et réduisît d'autant la durée de son discours. Platon, Cicéron, Pline, Quintilien, font allusion à cette coutume gênante, qui donnait lieu, paraît-il, à des fraudes assez curieuses. On était arrivé, en effet, à activer ou à retarder le jeu des clepsydres, en employant de l'eau plus ou moins épaisse, ou en réduisant les dimensions du trou d'écoulement par l'adjonction d'un peu de cire, etc.

La clepsydre, à cette même époque, était en outre employée d'une façon courante pour la mesure du temps dans les calculs astronomiques. La célèbre *Tour des vents* dont nous parlons dans notre précédent chapitre avait été munie d'une clepsydre destinée à cet usage; ce qui faisait dire à Plutarque, dans le chapitre de ses *Œuvres morales* qu'il consacre aux *Oracles qui ont cessé*[1] : « Qui pourra souffrir que l'on mesure la grandeur du corps du soleil aux clepsydres et horloges à eau, avec une quarte ou une pinte de ce liquide ? »

Dans les habitations privées, où cet instrument était en usage surtout pour compter les heures de la nuit, un esclave était spécialement préposé au soin de le remplir, et chaque fois qu'il était vide, il traçait à la craie une marque sur un tableau voisin, et, de la sorte, on pouvait savoir approximativement le nombre d'heures qui s'étaient écoulées depuis le coucher du soleil.

Plus tard, on perfectionna ces sortes d'appareils et on

---

1. *Œuvres complètes*, traduction d'Amyot, t. XVII, p. 394.

précisa leurs indications. C'est alors que l'on construisit des clepsydres en forme de cône, graduées avec soin, et par la hauteur du niveau de l'eau comparée avec les indications inscrites sur la paroi du vase, on arrivait à déterminer d'une façon relativement exacte la marche du temps. Puis, au cône gradué on substitua un récipient également gradué

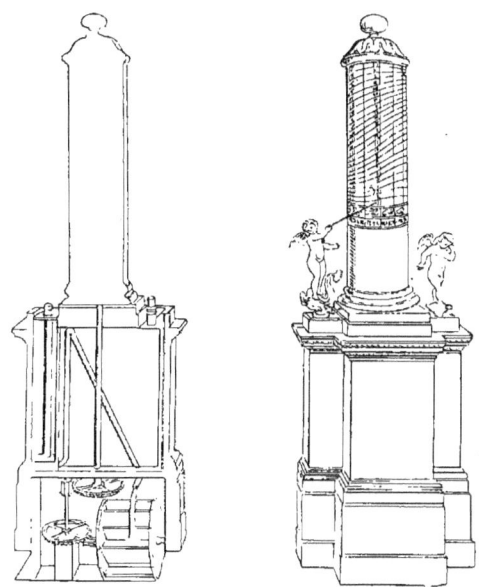

Fig. 19 et 20. — Clepsydre de Ctesibius, restituée par Claude Perrault d'après le texte de Vitruve.

dans lequel l'eau tombait, et à mesure que ce récipient se remplissait on pouvait lire sur la paroi intérieure le nombre d'heures ou de fractions d'heures écoulées. Mais ces observations, on le comprendra, étaient sujettes à bien des vicissitudes. L'eau, en effet, s'écoulait avec une rapidité d'autant plus grande que son niveau dans le vase supérieur se trouvait plus élevé, et que par suite la pression était plus considérable. Il fallut qu'un homme de génie vînt modifier, compléter, transformer ces instruments primitifs, pour en faire de véritables horloges.

Vitruve dit expressément que Ctesibius d'Alexandrie fut l'inventeur des clepsydres[1]. Or Ctesibius vivait 124 ans avant Jésus-Christ, et ces sortes d'horloges sont infiniment plus anciennes. Depuis bien des siècles déjà, elles étaient connues en Égypte, en Chaldée, en Grèce, ainsi qu'en Italie, et leur usage était si répandu, même chez les Barbares, que Jules César, quand il conquit la Gaule, constata que nos ancêtres s'en servaient depuis très longtemps pour mesurer leurs nuits, qui dans le nord, ainsi qu'il prenait soin de le remarquer, sont en hiver beaucoup plus longues que dans le sud de l'Europe.

Mais Ctesibius, s'il ne peut être regardé comme l'inventeur des clepsydres, doit être considéré comme l'homme de génie qui amena cet instrument horaire à son point de perfection. Fils d'un barbier d'Alexandrie, tout jeune encore, et dans la boutique même de son père, il découvrit le parti qu'on pouvait tirer de l'impulsion donnée par l'écoulement de l'eau, et confectionna, grâce à cette observation, une foule de machines hydrauliques extrêmement ingénieuses. C'est ainsi qu'il exécuta des automates très compliqués, mettant en mouvement de petits personnages, lançant des cailloux dont la chute produisait des sons, faisant sonner des trompettes, etc. Enfin, cherchant à donner à ses merveilleuses dispositions un essor plus pratique, il parvint à construire plusieurs sortes de clepsydres. Ces appareils rendirent son nom célèbre dans tout le vieux monde, et, restitués d'après le texte même de Vitruve, qui n'hésita pas à consacrer à leur description tout un chapitre de son *Architecture*, ils ont fait l'admiration des modernes, comme ils avaient fait celle des anciens.

Nous ne décrirons, et encore très sommairement, que

1. *Vitruvii Pollionis de architectura*, lib. IX, cap. viii.

deux de ces clepsydres. Elles suffiront à montrer le degré de perfection auquel Ctesibius avait amené l'art nouveau qui devait rendre son nom immortel.

Le premier de ces deux instruments, dont nous donnons la restitution d'après Claude Perrault, consiste, comme le montrent nos figures 19 et 20, en une colonne où se trouvent gravées des lignes verticales qui marquent les douze mois de l'année, et des lignes horizontales indiquant les diverses heures du jour. Cette colonne, qui tourne sur son piédestal, met 365 jours pour effectuer son évolution. Au côté droit de la colonne on peut voir un enfant qui, paraissant pleurer, laisse tomber goutte à goutte dans la clepsydre l'eau nécessaire pour la faire mouvoir. Cette eau, pénétrant dans l'intérieur de l'appareil par un conduit long et étroit, monte peu à peu et finit par emplir ce conduit, dans lequel se trouve un flotteur en liège qui supporte une autre petite figure, en sorte que celle-ci, s'élevant à son tour, désigne successivement, à l'aide d'une petite baguette, qu'elle tient en sa main droite, les différentes heures préalablement tracées sur le fût de la colonne.

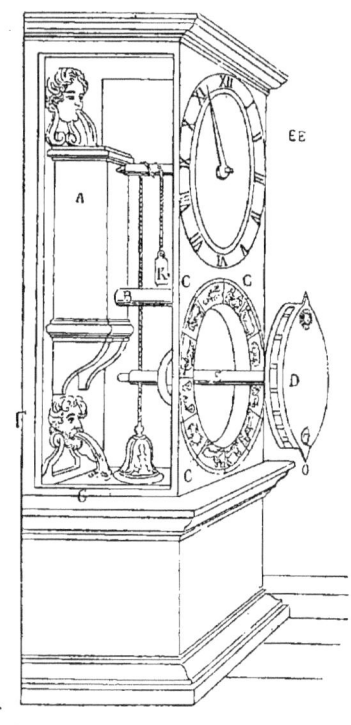

Fig. 21. — Clepsydre antique à tambour restituée par Claude Perrault.

Nous croyons inutile de décrire le mécanisme intérieur de cette horloge d'eau, mécanisme d'autant plus ingénieux qu'il est assez peu compliqué, et nous passons de suite à la seconde forme de clepsydre imaginée par Ctesibius, à celle qu'on a nommée *clepsydre à tambour (tympanum)* et qui, munie d'un cadran et d'une aiguille mobile, ressemble infiniment plus que la précédente à nos horloges modernes.

La figure que nous donnons ci-contre montre l'intérieur de cet appareil. On y voit un premier réservoir A dans lequel l'eau tombe, et dont un déversoir dégage le trop-plein. L'eau passe de ce réservoir, en suivant le conduit B, dans le grand tambour C qui forme la façade de l'horloge, puis, s'écoulant par un trou situé dans le haut de ce tambour, elle pénètre dans le petit tambour D, qu'on a représenté ici en dehors de la place qu'il occupe habituellement, mais qui en temps ordinaire se trouve emboîté dans le grand tambour. Ce petit tambour, étant d'inégale largeur, reçoit, suivant la face qu'il présente, une quantité d'eau plus ou moins considérable, qui, s'en retournant par le conduit E au réservoir A, se dégorge par la bouche F dans le réceptacle G : à la surface de ce réceptacle se trouve un flotteur suspendu à une chaîne qui s'enroule sur l'axe I et se termine par un contrepoids K. A mesure que l'eau s'élève, le flotteur monte, et le contrepoids, tendant à descendre, fait tourner l'axe, dont la marche se traduit sur le cadran par l'avancement des aiguilles.

Si l'on construisait de nos jours une horloge de ce genre, on la ferait sensiblement plus simple. On supprimerait le passage de l'eau dans les tambours, parce que présentement, quelle que soit la saison, nous ne faisons usage, dans la vie civile, que de la constatation du temps moyen, et toutes nos heures sont égales. Mais autrefois la durée des heures se proportionnait à la longueur du jour proprement dit, c'est-à-dire à l'espace de temps compris entre le lever et le coucher du soleil, qui se divisait lui-même, quelle que fût son étendue, en douze parties égales. Cette durée des heures variait donc d'un mois et même d'un jour à l'autre.

De là ces complications savantes qui avaient pour effet de proportionner le temps qu'une aiguille mettait à faire son évolution, à la longueur des heures, qui elles-mêmes se proportionnaient à la durée exacte du jour.

Ces exemples suffisent à montrer à quelle perfection de mécanisme Ctesibius avait porté les horloges hydrauliques, 124 ans avant Jésus-Christ. Hâtons-nous d'ajouter qu'il n'est pas le seul savant de l'Antiquité qui ait réalisé des chefs-d'œuvre de ce genre. Longtemps avant lui, d'autres mathématiciens illustres avaient accompli de pareils prodiges d'ingéniosité.

Tout le monde a entendu parler de la célèbre sphère d'Archimède qui, au dire de Cicéron et de quelques auteurs, donnait non seulement l'heure exacte, mais le cours du soleil, de la lune et des planètes connues à cette époque, avec une régularité si surprenante, que les contemporains de l'illustre savant croyaient son appareil animé par un esprit enfermé à l'intérieur.

Il est probable que d'autres machines du même genre furent également construites sur d'autres point du globe, en Orient notamment, où les sciences astronomiques furent toujours si développées. L'histoire malheureusement ne nous a pas conservé les noms des mathématiciens qui rendirent à l'horlogerie naissante ces services signalés. Mais bien que l'illustre mécanicien d'Alexandrie ne puisse et ne doive pas être considéré comme l'unique auteur d'appareils de ce genre, encore convient-il de remarquer que ceux-ci ne durent jamais être bien nombreux. La difficulté d'exécution que présente la confection de machines aussi compliquées, les rendit toujours d'une grande rareté et d'un prix considérable.

Les crises terribles qui marquèrent la décadence et la chute de l'Empire romain durent, en outre, entraîner la destruction de la plupart de ces chefs-d'œuvre. Néanmoins la tradition de ces belles adaptations de la mécanique à la mesure du temps, se conserva dans le monde savant, et au vi⁰ siècle de l'ère chrétienne on vit deux illustres philosophes, l'un et l'autre favoris de Théodoric, Boèce et Cassiodore, construire, d'après les principes de Ctesibius, des horloges d'eau qui, en outre de l'heure, mentionnaient les mois et les jours.

Plus tard, quand le centre politique du monde se fût déplacé, quand, à l'aurore du ix⁰ siècle, les lettres et les sciences eurent choisi Bagdad comme leur refuge de prédilection, c'est d'Orient qu'on tira ces machines compliquées. Théodoric avait, vers l'an 500, envoyé à Gondebaud, roi de Bourgogne, une clepsydre construite par Boèce, et que les Bourguignons crurent longtemps animée par quelque divinité. Trois siècles plus tard, le calife Haroun al Raschid fit présent à Charlemagne de la plus magnifique clepsydre connue, et qui à l'avantage de dire l'heure joignait celui de mettre en mouvement toute une série de petits automates, accompagnés dans leurs évolutions pittoresques par une sonnerie à carillon.

Voici, au surplus, en quels termes un poète du xiii⁰ siècle décrit cette huitième merveille du monde [1] :

> Et li tramist, se jou n'i fal,
> I moult rice horloge d'arkal :
> As XII eures, sans détriier,
> Venoient XII cevalier
> Armé, sour cevales trop biaus ;
> Escus orent et pignonciaus ;
> Par XII feniestres issoient
> Et apriès toutes reclooient,
> Quant il en estoient issu.
> Et cil orloges tous plains fu
> De cloketes trop bien sonans,
> Petitaites et bien parans.
> S'en iert tele la mélodie
> C'onques tele ne fu oïe.

---

[1]. Philippe Mouskes, *Chronique rimée*, édition du baron de Reiffenberg, t. Iᵉʳ, p. 105.

Si un monument aussi magnifique était digne à la fois et du calife de Bagdad et du grand empereur d'Occident, les princes de moindre importance, les églises, les couvents, qui avaient besoin de savoir l'heure, se contentèrent — cela se comprend du reste — d'appareils à la fois moins luxueux et plus simples. On en construisit donc de diverses formes, qui, jusqu'à l'adoption des horloges mécaniques, rendirent des services assez appréciables pour qu'au XVIIe et au XVIIIe siècle, un certain nombre de savants se soient flattés de l'espoir de restituer à ce genre d'horloges une partie de la faveur dont elles avaient joui au Moyen Age et dans l'Antiquité.

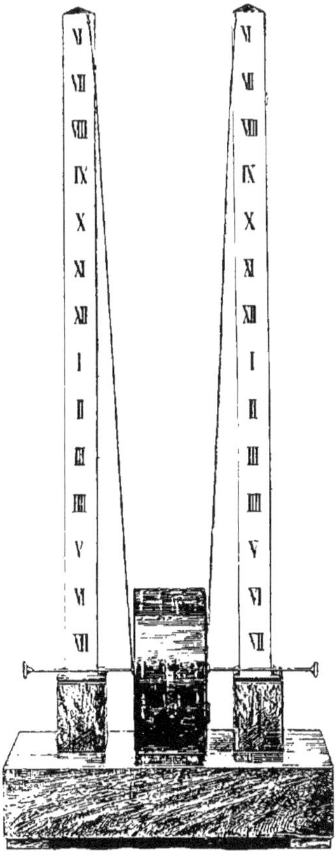

Le célèbre Ticho-Brahé, Dudley, Amontons, d'autres encore, utilisèrent la clepsydre pour leurs observations. Varignon donna une méthode pour diviser ou graduer ces sortes d'instruments, quelles que fussent, du reste, leur forme et leur structure.

Fig. 22. — Clepsydre construite d'après le système de D. Charles de Vailly.
(CONSERVATOIRE DES ARTS ET MÉTIERS.)

En 1690, un religieux bénédictin, Dom Charles de Vailly, fit construire par Régnard, potier d'étain à Sens en Bourgogne, une très curieuse clepsydre, dont le P. Alexandre nous a conservé la description et dont on peut voir, au Conservatoire des Arts et Métiers, une reproduction intéressante.

Cette machine curieuse consiste en un cylindre aplati assez semblable à un tambour, monté à son centre sur un axe où viennent s'enrouler deux fines cordelettes qui supportent l'appareil. A l'intérieur le tambour est divisé par sept cloisons en sept compartiments dont l'un est rempli d'eau. Cette eau, pour s'écouler du compartiment qui la renferme et passer dans les compartiments voisins, n'a qu'une ouverture assez réduite placée à la base de chaque cloison.

Les cordelettes étant entièrement enroulées autour de l'axe, le cylindre, en vertu des lois de la pesanteur, a une tendance marquée à descendre en déroulant les cordes qui le soutiennent. Mais l'eau placée à l'intérieur des compartiments fait contrepoids et ne permet à l'action de la pesanteur de se faire sentir que progressivement, c'est-à-dire à mesure que le compartiment rempli se vide et que le suivant se remplit à son tour.

Si l'on dispose l'appareil entre deux montants gradués, comme le montre notre figure 22, les deux pointes de l'axe marqueront sur les montants l'heure approximative. Encore faut-il, pour que ce résultat soit obtenu, que l'auteur de la machine calcule soigneusement la grosseur de l'axe, le diamètre du tambour, la capacité de chacun des compartiments, la quantité d'eau qu'il faut mettre à l'intérieur, etc. Il doit bien prendre garde, en outre, que l'eau soit aussi limpide que possible et que la communication entre les divers compartiments ne soit jamais obstruée. Enfin, au bout de douze heures, son horloge doit être remontée, et il est indispensable qu'il tienne un compte mathématiquement exact du temps que cette opération réclame.

On voit à quelles complications sont soumises celles de ces machines qu'on peut regarder avec raison comme les plus simples, et combien, dès lors, les horlogers ont eu raison de donner leurs soins à la confection d'appareils d'un organisme moins délicat. Néanmoins, en 1725, l'Académie des sciences proposa comme sujet de concours, de déterminer les lois du mouvement des clepsydres. Le prix fut remporté par Daniel Bernoulli; et Newton lui-même ne regarda pas comme au-dessous de lui de se livrer sur leur fonctionnement à de patientes recherches.

Mais une des grandes difficultés qu'on rencontre dans la théorie des clepsydres, c'est, outre les complications sans nombre que nous venons de signaler, la presque impossibilité de déterminer avec exactitude la vitesse de l'eau qui s'échappe. Lorsque le liquide est en mouvement et qu'il a une certaine hauteur, cette vitesse est à peu près égale à celle que ce liquide aurait acquise par sa pesanteur en tombant de la même élévation. Mais lorsqu'il commence à couler ou lorsque l'écoulement touche à sa fin, cette loi cesse d'être exacte, et dès lors on n'a plus que des indications d'une justesse relative. Ce sont ces raisons et d'autres encore qui ont fait abandonner l'usage des clepsydres.

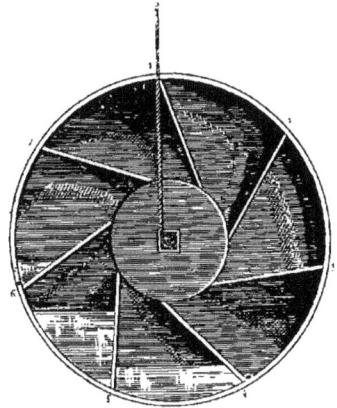

Fig. 23. — Coupe du tambour de la clepsydre construite d'après le système de D. Ch. de Vailly.

V

LES SABLIERS

On désigne sous ce nom de petits appareils du même genre que les clepsydres, plus simples comme construction, plus maniables surtout, généralement moins complets comme indications, mais aussi moins sujets à se déranger, fondés toutefois sur le même principe, mais où le sable se trouve substitué à l'eau; particularité qui leur vaut le nom sous lequel on les désigne.

L'usage des sabliers est vraisemblablement très ancien. Cependant aucun texte remontant à l'Antiquité et consacré à leur description n'est parvenu jusqu'à nous, les écrivains spéciaux, philosophes et savants, les ayant jugés sans doute de trop peu d'importance, pour daigner s'occuper d'eux avec quelque détail. Mais, fait curieux, si leur invention remonte à des temps très lointains, le nom sous lequel nous les désignons est des plus modernes.

On le chercherait vainement dans les auteurs du XVIIe siècle. Ni Richelet ni Furetière ne l'ont connu. L'Académie elle-même l'a longtemps ignoré. Jusqu'aux premières années du XVIIIe siècle on a mentionné ces petites horloges sous le nom de *sable,* de *poudrier,* d'*ampoulette* et surtout d'*horloge à sable* ou *à sablon.* Littré a donc eu tort d'écrire que *sable* était « le synonyme peu usité de *sablier* ». C'est, si l'on peut dire ainsi, son ancêtre.

A partir du XIIIe siècle, en France et dans le Nord, le sablier remplaça à peu près complètement la clepsydre. Il offrait ce grand avantage d'être, nous venons de le dire, d'un maniement plus facile, et surtout de pouvoir être utilisé en toutes saisons; tandis qu'à l'époque des grands froids, l'eau étant sujette à la congélation, la clepsydre ne pouvait rendre aucun service. Sa forme paraît avoir été, dès le principe, à peu près la même que celle que nous lui voyons aujourd'hui. Les plus anciennes images qui nous aient été conservées en font foi. Il consistait en deux récipients de verre, d'égale capacité, affectant chacun l'aspect d'une poire, bien clos l'un et l'autre, réunis à leur extrémité amincie et communiquant ensemble par un petit trou qui permettait au sable, placé dans le récipient supérieur, de s'écouler en un temps mathématiquement déterminé dans celui placé au-dessous.

Les textes sur ce point se trouvent d'accord avec les images. Un document précieux entre tous, l'*Inventaire de Charles V,* dressé en 1380, nous apprend que ce prince possédait « ung grant orloge de mer [à] deux grans fiolles plain de sablon, [renfermé] en ung grand estuy de bois garni d'archal ». Le fidèle chroniqueur de la maison de Bourgogne, Olivier de la Marche, racontant les tournois qui eurent lieu en 1475 à propos des noces de Charles le Téméraire, nous montre les combattants dans les lices, et « aussi tost, ajoute-t-il, qu'ils eurent d'un costé et d'autre les lances sur la cuisse, le nain qui estoit sur le perron drecea son orloge qui estoit de verre, plein de sablon, portant le cours d'une grande demye heure, et puis sonna sa trompe, tellement que les deux chevaliers le purent ouyr. Si mirent les lances en arrest et commencèrent leurs joustes... Ainsi se passa la demye heure que tout le sablon fût coûlé[1]. »

Ce dernier texte offre un intérêt particulier, parce qu'il montre que, dès le XVe siècle, on faisait des sabliers de diverses grandeurs, ou mieux de capacité différente et proportionnée à des longueurs de temps variables. Bientôt, on eut l'idée de confectionner des jeux de sabliers, munis de trous de communication plus ou moins larges, permettant au

---

1. *Mémoires,* édition Michaud, t. III, p. 530.

récipient supérieur de se vider plus ou moins rapidement. Généralement ces sabliers étaient au nombre de quatre, le premier se vidant en un quart d'heure, le second en une demie, le troisième en trois quarts d'heure, et le quatrième durant l'heure entière; puis on gradua chacun de ces appareils, et de cette façon on put suivre de l'œil la marche du temps pendant un laps déterminé. Enfin quand le dernier récipient était vide et que le quatrième quart par conséquent se trouvait achevé, on renversait l'appareil, qui recommençait son évolution, et ainsi de suite d'heure en heure.

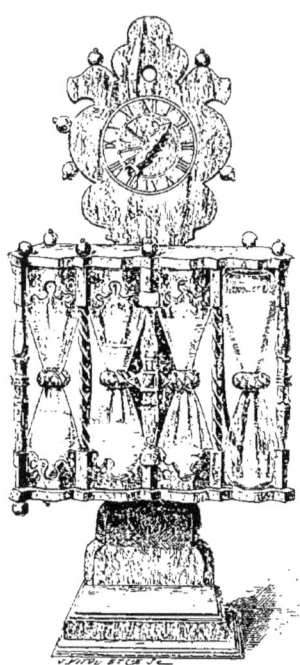

Fig. 24. — Sablier à quatre ampoulettes. (Fin de XVIᵉ siècle.)

Plus tard, vers la fin du XVᵉ siècle sans doute, sûrement dès les premières années du siècle suivant, on adjoignit à ce jeu de sabliers un petit cadran comportant douze divisions et muni d'une aiguille, qu'on avançait d'une division chaque fois qu'on retournait l'appareil. Celui-ci prit de la sorte l'aspect d'une véritable petite horloge (voir fig. 24).

Enfin, les *Comptes de la construction du château de Gaillon,* à l'année 1505, nous apprennent que le cardinal Georges d'Amboise fit acheter pour la somme de 45 sols « une petite cloche de métal pour sonner à Gaillon l'eure des maçons et deux orloges de sablon à donner l'eure aus dits maçons ». Cette fois le sablier se compliquait d'une sonnerie.

Si l'intervention de l'homme n'avait pas eu à se manifester d'une façon constante pour assurer la marche de ces sortes d'horaires, s'il n'avait pas fallu une observation de tous les instants pour ne laisser s'écouler aucun laps de temps entre le moment où le dernier récipient se trouvait vidé et celui où les sabliers étaient retournés et remis en marche, ces sortes d'horloges primitives auraient non seulement rendu de très grands services, mais elles auraient pu donner l'heure avec une exactitude suffisante pour les besoins du temps. Rien n'était négligé, en effet, pour assurer leur fonctionnement régulier. Un détail entre cent fera juger des précautions que l'on croyait devoir prendre.

Une des conditions essentielles du bon écoulement de la poudre ou du sable renfermé alternativement dans les deux récipients, c'était que cette poudre ou ce sable fût d'une finesse bien égale et ne formât pas de petites agglomérations, de petits grumeaux capables, à un moment donné, d'obstruer la communication ou de ralentir la marche de l'appareil. Un curieux livre du XIIIe siècle[1] va nous apprendre à quels raffinements on avait recours dans ce but : « Pour faire sablon à mettre orloges, — dit le *Ménagier de Paris*, — prenez le limon qui chiet (tombe) du siage de marbre, quant l'on sie ces grands tumbes de marbre noir, puis le boulez (faites bouillir) très bien en (dans du) vin comme pièce de char et l'escumez, et puis le mettez seicher au soleil, puis le mettez boulir, escumer et puis séchier par neuf fois, et ainsi sera bon. »

Si l'on apportait autant de soin à préparer le sable, on ne prenait pas moins de précautions pour confectionner le reste de l'instrument. Les dimensions et la forme des ampoules de verre, la grandeur du trou établissant entre elles la communication indispensable, étaient préalablement calculées, réglées et ménagées avec toute l'attention désirable. Bien mieux, pour les riches personnages, l'orfèvre

---

1. Le *Ménagier de Paris*, t. II, p. 257.

intervenait dans la fabrication de ces horloges primitives et prodiguait aux armatures chargées de maintenir et de protéger leurs fragiles ampoules, toute la richesse de joyaux véritables. Quelques spécimens de ces sabliers parvenus jusqu'à nous, prouvent assez que l'art à cette époque ne craignait pas de dépenser son ingéniosité sur les objets d'un usage courant et d'une utilité journalière.

Ce sont ces soins, ces précautions, au surplus, qui expliquent comment ces appareils un peu sommaires continuèrent de jouir d'un prestige et d'une estime peut-être exagérés, à une époque où les horloges étaient fort répandues. Au XVI° siècle on les associa à la construction d'horloges mécaniques très soignées. Nous verrons plus loin (page 80) qu'un appareil de ce genre était compris parmi les organes compliqués de la célèbre horloge de Strasbourg. La magnifique horloge dite de Henri VIII, dont le dessin est attribué à Holbein (voir fig. 25), peut aussi être citée comme un exemple fameux de cette association. Au siècle suivant, le médecin Héroard nous montre[1],

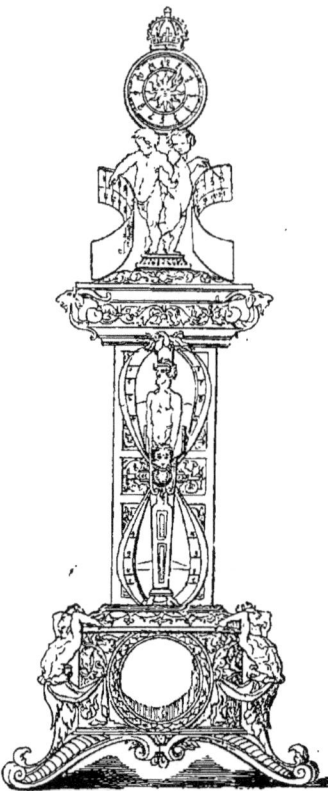

Fig. 25. — Horloge dite de Henri VIII, munie d'un sablier à sa partie centrale (d'après un dessin attribué à Holbein).

---

1. *Journal* (t. Ier, p. 359). Ce même livre (t. Ier, p. 339) nous apprend

à la date du 25 septembre 1608, le futur Louis XIII achetant pour son usage personnel une horloge de sable à un « porte panier » qu'il avait fait venir dans sa chambre. En 1664 les tarifs de douane mentionnent ces sortes d'appareils comme faisant l'objet d'un commerce encore considérable, et quatorze ans plus tard, le rédacteur du *Mercure galant* écrivait [1] : « Il y a peu de cabinets d'étude où l'horloge de sable ne soit en usage. »

Ces constatations pourraient nous étonner. On conçoit à la rigueur qu'à une époque où les cadrans d'horloge ne portaient qu'une seule aiguille, on ait éprouvé le besoin de connaître les divisions de l'heure d'une façon un peu plus précise que ne pouvaient les fournir les indications de l'aiguille unique. Mais lorsque l'aiguille indiquant les minutes fut devenue d'un usage général, cette persistance du sablier ne peut s'expliquer que par la qualité suspecte de la plupart des horloges mécaniques, par l'insuffisante exactitude des montres, et surtout par la force invincible de l'habitude.

Le certain c'est que, pendant tout le XVIIe siècle, on continua, à la Sorbonne, de se servir du sablier — comme jadis à Athènes et à Rome de la clepsydre — pour mettre un frein à la loquacité des orateurs. C'est à cette coutume que Pascal fait allusion dans sa seconde *Provinciale*, quand il dit : « J'y ai parlé (en Sorbonne) toute une demi-heure, et sans le sable j'eusse bien fait changer le malheureux proverbe qui court déjà dans Paris : « Il opine du bonnet « comme un moine en Sorbonne. » Près d'un siècle et demi plus tard, le 1er août 1789, quand l'Assemblée Nationale aborda la fameuse discussion de la Déclaration des *Droits de l'homme*, comme certains députés paraissaient vouloir se livrer à un développement exagéré de considérations

qu'à cette époque on confectionnait aussi des automates ayant le sable pour principal moteur.
1. Numéro d'octobre 1678.

générales, qui n'aurait pas manqué de faire traîner les débats en longueur, le député Bouché demanda la parole et s'écria : « Je propose un moyen d'accélérer vos délibérations : c'est d'inviter M. le président d'avoir sur son bureau un sablier de cinq minutes seulement. Quand l'un des bassins sera rempli, M. le président avertira l'orateur que son temps est passé. »

Bien qu'acclamée avec enthousiasme, la proposition du député Bouché ne fut pas suivie d'effet. Mais elle montre combien, à la fin du siècle dernier, l'usage du sablier était encore familier à nos pères.

Fait plus surprenant peut-être, ces mêmes appareils demeurèrent couramment usités dans la marine jusque vers le même temps. En 1770 on fabriquait d'une façon régulière, pour les besoins de la navigation, des sabliers marchant pendant une demi-heure. « C'est de là, écrit M. Bellin [1], que les matelots appellent une demi-heure une horloge, et divisent les vingt-quatre heures en quarante-huit horloges. Ainsi le quart, qui est la faction que chaque homme fait pour le service du vaisseau, est composé de six horloges, qui valent trois heures. Il y a cependant des vaisseaux où le quart est de huit horloges, ou quatre heures. »

En notre siècle, la période romantique, amoureuse du passé, éprise surtout du Moyen Age, de son mobilier et de son costume, essaya de remettre le sablier en honneur. De 1828 à 1835 on vit ce fragile appareil, enjolivé suivant le goût du temps, reprendre sa place sur les tables des poètes échevelés et sur les guéridons des sentimentales châtelaines. Mais ce caprice n'eut pas de suites durables. Cette résurrection fut éphémère, et depuis lors les montres et les pendules de bureau ont remplacé avec avantage, dans les cénacles littéraires, les horloges de sable, aujourd'hui

---

1. *Encyclopédie*, t. VIII, p. 302.

complètement oubliées. Le seul usage, en effet, pour lequel on ait encore recours à ce genre de chronomètres, c'est la cuisson des œufs à la coque. Dans ce but on confectionne de petits sabliers de trois minutes.

En conséquence, il serait quelque peu superflu d'entrer dans de longs détails sur le genre de décoration qui convient à ces horloges de sable. Cependant, comme la mode a de ces retours inexpliqués avec lesquels il faut toujours compter, nous ferons observer que la décoration de ces menus appareils doit porter exclusivement sur leurs armatures. Le cristal ou le verre dont sont formées les ampoulettes doit demeurer toujours uni et aussi limpide que possible, pour permettre à l'œil de suivre la marche descendante du sable. Toute ornementation placée sur le verre ou sur le cristal, aurait pour effet de rendre cette marche moins visible, et par conséquent de contrevenir au but pour lequel le sablier a été conçu et exécuté.

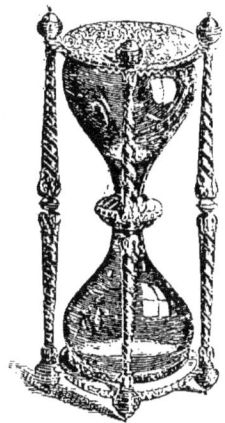

Fig. 26. — Sablier de luxe. (XVIe siècle.)

VI

SONNERIES ET LUMINAIRES

Si les cadrans parlent aux yeux, les cloches parlent aux oreilles, et leur langage est d'autant plus appréciable en matière d'horlogerie, qu'elles peuvent faire entendre l'heure dans un même temps à un nombre considérable de personnes qui, dispersées sur une grande étendue de terrain, seraient dans l'impossibilité de contempler un cadran unique. Il ne faut donc pas s'étonner que, dès une époque très lointaine, les sonneries des églises tintant de façons différentes, ou battant à pleine volée, aient été largement utilisées pour la connaissance de l'heure.

Au Moyen Age, les cloches des couvents, monastères et paroisses, qu'on appelait proprement des « saints[1], » faisaient entendre chaque jour huit sonneries principales, régulièrement espacées de trois heures en trois heures. C'était *Matines,* qu'on sonnait à minuit ; *Laudes,* à trois heures; *Prime,* à six heures ; *Tierce,* à neuf heures ; *Sexte,* à midi ; *None,* à trois heures ; *Vêpres,* à six heures, et *Complies,* à neuf heures du soir. Indépendamment de ces sonneries principales, qu'on nommait les *heures canoniales,* et qui étaient exactement observées dans toutes les paroisses, chaque couvent, chaque église, avait la coutume ou la spécialité de certains services, de certaines oraisons qui étaient annoncées aux fidèles par un tintement particulier. Cette sonnerie, bien connue des gens du quartier, leur servait de point de repère et leur permettait d'introduire des subdivisions dans ces huit divisions principales qui marquaient les grandes étapes du jour.

[1]. Voir *Dictionnaire de l'Ameublement et de la Décoration,* t. IV, 819.

L'habitude de faire coïncider les principaux actes de la vie publique et privée avec les sonneries des églises était si générale au XIIe siècle, que le prévôt des marchands Étienne Boileau, ayant reçu, de saint-Louis, l'ordre de codifier les statuts des différentes corporations qui, de son temps, existaient dans la capitale, nota ces sonneries comme heures indicatrices de la réglementation du travail. C'est ainsi que dans les statuts des *Talmeliers* (boulangers), il est dit qu'ils peuvent commencer à cuire leur pain le lundi « si tost come matines de Nostre-Dame sonnent[1] ». Dans ceux des *Boîtiers faiseurs de serrures,* il est stipulé que maîtres et valets doivent abandonner tout labeur le samedi « au darrenier coup de vespres, en la paroisse où ils demourent[2] ». De même les *Patenôtriers, faiseurs de boucles à souliers,* devaient laisser l'ouvrage « à l'eure de vespres sonnant en la paroiche où ils demourent, et en quaresme au premier cop de complie sonnant à Nostre-Dame[3] ». Enfin, il était interdit sous peine d'amende aux charpentiers de travailler le samedi après « nonne sonnée » au « gros saint » de Nostre-Dame[4]. On pourrait multiplier ces exemples, car un grand nombre de règlements corporatifs, ceux des lanterniers, des cordonniers, des tapissiers, etc., entre autres, portent de semblables prescriptions.

En outre, à cette époque, la plupart des professions se trouvant groupées et localisées dans certains quartiers de Paris, prenaient pour heures indicatrices de leurs travaux, les sonneries spéciales de la paroisse voisine. C'est ainsi que les *Crépiniers* contractaient l'engagement de ne pas travailler ni faire travailler, en aucune saison, une fois le *Couvre-feu* sonné à Saint-Merry. De même les meuniers arrêtaient leurs moulins le dimanche, depuis le moment où

---

1. *Livre des mestiers*, tit. I, art. XXX.
2. *Ibid.*, tit. XIX, art. IV.
3. *Ibid.*, tit. XLIII, art. V.
4. *Ibid.*, tit. XLVII, art VI.

on sonnait l'*eau bénite* à la chapelle de Saint-Leufroi (près le pont au Change), jusqu'à la sonnerie de vêpres, et les fileuses de soie abandonnaient en été leurs ateliers, quand l'*aumône* était sonnée à Saint-Martin des Champs[1].

On conçoit mieux, après cela, le désordre que jetait dans la vie publique et privée la mise en interdit d'une ville ou même d'une paroisse. Les saintes sonneries cessant tout à coup de se faire entendre, les fidèles n'avaient plus aucun point de repère certain pour régler leurs principales actions, et leur existence se trouvait plongée dans un désarroi profond.

Ajoutons que dès le xiv° siècle, l'autorité civile avait si bien senti le danger présenté par cette mainmise du clergé sur les habitudes journalières, qu'elle avait de son côté établi la contre-partie de ces sonneries, soit à l'aide de signaux réguliers lancés par la cloche du beffroi, soit par des appels de cor, donnés à des heures fixes par le guet ou par les veilleurs de nuit. C'est ce qui explique comment, dans certaines professions, la réglementation du travail était établie d'après les sonneries du guet, ou d'après les annonces des crieurs qui circulaient chaque matin et chaque soir dans la rue[2]. Mais ces derniers se réglaient à leur tour sur les cloches des églises. Il importe donc de se rendre compte des moyens que les religieux employaient pour connaître l'heure d'une façon à peu près exacte, en un temps où les horloges mécaniques n'existaient pas encore.

1. *Livre des mestiers*, tit. XXVIII, art. viii ; tit. II, art. iii ; tit. XXXV, art. iii.
2. C'est ainsi que les chapeliers de feutre, les drapiers de soie, etc., attendaient pour se mettre à l'œuvre que le guet eût *corné* le jour, c'est-à-dire que le cor du guet eût sonné sur l'une des tours du Châtelet. Fait curieux, l'institution des veilleurs de nuit s'est conservée presque jusqu'à nos jours dans la plupart des pays protestants, où l'usage des sonneries catholiques était aboli. Nous avons entendu notamment en Allemagne et en Hollande, de ces crieurs, qui annonçaient l'heure de quart d'heure en quart d'heure, soit du haut du beffroi, soit en parcourant les rues.

Ces moyens étaient assez simples. Un certain nombre d'établissements religieux possédaient des sabliers ou des clepsydres. C'est ainsi qu'un article des *Usages de l'ordre de Cîteaux*[1], compilés vers 1120, ordonne au sacristain de disposer l'horloge de telle façon qu'elle indique l'heure de matines. Mais ces appareils étaient très rares à cette époque, et l'on avait le plus ordinairement recours à l'intervention des surveillants ou veilleurs. Dans chaque église, en effet, dans chaque couvent, un certain nombre de religieux passaient la nuit en oraisons et étaient chargés à la fois de réveiller leurs confrères pour les offices nocturnes et de sonner complies, matines, laudes et prime. Ces veilleurs avaient trois façons de se renseigner sur l'heure : en premier lieu, l'observation des astres ; puis, quand le ciel était couvert et la nuit obscure, la récitation d'un certain nombre d'oraisons ; et comme dans les couvents bien dotés et les paroisses riches on ne refusait pas la lumière aux veilleurs, ceux-ci avaient encore, pour se guider dans leurs calculs, le nombre des chandelles brûlées par eux en attendant le jour.

Bientôt ce dernier mode de contrôle, le plus commode en même temps que le plus exact des trois, fut seul en usage. Pour la facilité des observations, les religieux qui fabriquaient les chandelles de cire destinées aux besoins de leurs églises ou de leurs couvents, imaginèrent de confectionner, spécialement pour cet usage, de petites chandelles, dont la combustion durait un temps fixe. Puis, pour plus de commodité encore, on gradua certaines bougies, de façon à pouvoir mesurer approximativement le temps par la longueur de la cire brûlée, et de cette manière encore on obtint des indications suffisamment exactes.

De la vie religieuse, ces chandelles de longueur fixe et ces bougies graduées passèrent dans la vie civile. Saint

---

1. Dom Calmet, *Commentaire de la règle de saint Benoît*, t. Ier, 280, cité par A. Franklin : *la Mesure du temps*, p. 27.

Louis fut l'un des premiers à faire usage de ces sortes de luminaires indicateurs, et l'on fabriquait spécialement pour lui des chandelles de trois pieds de haut, dont la durée toujours égale lui permettait de consacrer chaque jour le même nombre d'heures à la lecture de la Bible et à la méditation. Charles V, si nous en croyons Christine de Pisan, possédait constamment dans sa chapelle « une chandoille ardente qui estoit divisée en vingt-quatre parties, et y avoit gens députéz, qui lui venoient dire jusques où la chandoille estoit arse, et à ce avisoit quel chose il debvoit faire [1]. » A cette époque, au surplus, on était parvenu à graduer les bougies d'une façon si régulière, qu'on en fabriquait qui duraient des mois entiers et même toute une année. La *Grande Chronique de Saint-Denis* [2] raconte qu'à l'année 1357, la veille de l'Assomption, « offrirent ceux de Paris à Notre-Dame une chandelle qui avoit la longueur du tour de ladite ville de Paris, pour ardoir jour et nuit sans cesse ». Le don de ce gigantesque « rat de cave, » car vraisemblablement cette interminable bougie devait s'enrouler sur elle-même, a fourni matière à de curieuses suppositions de la part des commentateurs et des historiens. Il fut renouvelé cependant à maintes reprises. Au XVIe siècle, il était devenu annuel, et il ne prit fin que lorsqu'on remplaça par une lampe d'argent, brûlant nuit et jour, cette chandelle de dimensions insolites.

La substitution des lampes aux chandelles, qui se généralisa au XVIe siècle pour l'éclairage des sanctuaires et des palais, ne fit point renoncer aux indications horaires que pouvaient fournir ces utiles luminaires. Dès la fin du XVe siècle, écrit M. Viollet-le-Duc [3], « on se servait de lampes dont le récipient de verre était gravé et qui donnaient ainsi

---

1. *Le Livre des fais et bonnes mœurs du sage roy Charles*, I, ch. XVI.
2. Édition Techener, t. VI, p. 61.
3. *Dictionnaire du Mobilier*, t. II, p. 126.

la mesure du temps. Le musée de Cluny possède une de ces lampes, qui date du xvie siècle. » M. A. Franklin affirme, dans son intéressant volume, avoir cherché vainement cette lampe. Le fait est qu'elle n'est pas mentionnée sur le catalogue et que le directeur actuel du musée ignore ce qu'elle est devenue. Mais M. Planchon, dans sa curieuse collection, en possède une dont nous reproduisons ici même l'image (fig. 27) et qui, pour être de date plus récente, montre cependant très clairement la façon ingénieuse dont ces sortes d'appareils étaient construits. On peut voir que l'huile, diminuant, par suite de sa consommation même, dans le corps supérieur de la lampe, indique, par la façon dont elle baisse progressivement, l'heure approximative.

On ne renonça que tardivement à ces combinaisons assurément curieuses, mais un peu primitives. A la *vente du duc Charles de Lorraine* (Bruxelles, 1781), on adjugea « une pendule qui marque les heures et les minutes, par une bougie allumée, laquelle en se consumant

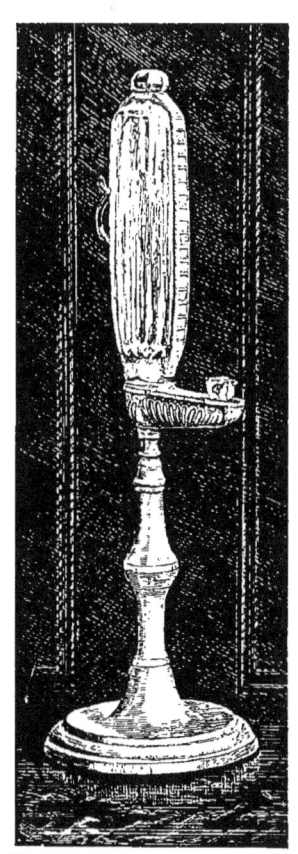

Fig. 27. — Lampe en verre a tige graduée donnant l'heure la nuit. (COLLECT. PLANCHON.)

fait mouvoir les rouages combinés à cet effet ». Cet appareil, qui était enfermé dans une boîte en cuivre argenté

---

1. *La Mesure du temps*, p. 67.

richement décorée, prouve que, jusqu'à la fin du siècle dernier, ces sortes d'horloges trouvèrent asile même dans les logis les plus somptueux. Elles n'y figuraient plus toutefois qu'à l'état d'exception, et la mécanique, qui avait réalisé de grands progrès, s'associait le plus souvent à ces intéressantes expériences. Le plus remarquable des essais de ce genre qui aient été tentés à cette époque, est bien certainement celui que Saint-Simon, dans une de ses additions au *Journal de Dangeau*[1], met au compte de M. de Villayer, doyen du Conseil d'État, membre de l'Académie française, homme très distingué par conséquent, et, suivant l'expression même de Saint-Simon, « plein d'inventions singulières ». « Il avoit disposé à sa portée, dans son lit, une horloge avec un fort grand cadran dont les chiffres des heures étoient creux et remplis d'épices différentes, en sorte que, conduisant son doigt le long de l'aiguille sur l'heure qu'elle marquoit, ou au plus près de la division de l'heure, il goûtoit ensuite, et par le goût et la mémoire connoissoit l'heure qu'il étoit. »

Au commencement du XVIIIe siècle, en Allemagne, on construisit des appareils moins originaux assurément, mais fournissant des indications analogues. J.-J. Schublers eut l'idée de combiner le mécanisme d'une horloge à cadran translucide avec celui d'une lanterne magique, de telle façon que la nuit, quand on vouloit connaître l'heure, il suffisait de presser un bouton pour que celle-ci, projetée par les rayons lumineux de l'appareil, allât se dessiner en lettres ou en chiffres énormes sur la cloison qui lui faisait face. Un certain nombre de gravures qui nous ont été conservées[2] montrent l'effet fantasmagorique que produisaient ces étranges appareils.

---

1. *Journal*, t. III, p. 295. — M. de Villayer mourut à Paris en mars 1691.
2. Voir *Johannes Jacob Schublers erste ausgab seines vorhabenden Wercks;* Augsburg (sans date).

L'inventaire si instructif et si curieux du cabinet du duc Charles de Lorraine, qui précéda la vente dont nous parlons plus haut, décrit « une pendule pour la nuit avec les heures transparentes qui paroissent dans un ciel peint. Au-dessus sont peints Adonis endormi et Diane qui le réveille »; et « une autre pendule pour la nuit, avec un cadran et aiguille marquant l'heure et les minutes, dans une boîte couverte d'écaille bleue garnie de bronze ». On voit par ces exemples combien ces appareils étaient appréciés hors de nos frontières.

Hâtons-nous de constater qu'en France les innovateurs n'étaient point demeurés en arrière. En 1762 un mécanicien du nom de Musy, établi à Paris rue des Vieux-Augustins, à l'enseigne du *Roi de France,* imagina une veilleuse-horloge qui, pour être moins monumentale que celle de Schublers, n'en rendait pas moins une quantité de services et surtout de très variés. Suivant une notice de l'auteur [1], cet appareil présentait les avantages suivants : « 1° on y fait chauffer un bouillon ou telle autre liqueur; 2° à toutes les heures il sonne un timbre pour avertir le malade ou ceux qui le gardent de prendre ou de faire prendre les potions ordonnées par le médecin; 3° on a, pendant toute la nuit, une lumière douce qui ne peut ni fatiguer la vue ni interrompre le sommeil; 4° il y a dans le corps de la machine un cadran éclairé par la même bougie, qui marque les heures; 5° on y a ménagé encore un réveil-matin, qui se fait entendre au moment précis où il faut donner au malade la médecine qu'il doit prendre; 6° on ne brûle dans cette veilleuse qu'une petite bougie des 32 à la livre ».

Enfin, en notre siècle, le sieur Gabry de Liancourt, revenant aux traditions anciennes, et s'inspirant de l'idée ingénieuse qui avait été mise en pratique dans les lampes graduées du XVIe et du XVIIe siècle, imagina, en 1819, une

---

1. Insérée dans les *Annonces, Affiches et Avis divers* du 28 juillet 1762.

veilleuse pendule qui eut un instant de vogue. Le principe de cette veilleuse reposait, comme pour les lampes anciennes, sur cette remarque que la combustion diminue la quantité d'huile. Celle-ci, en s'abaissant, faisait descendre un système de flotteurs qui, à l'aide de contrepoids, faisaient avancer progressivement les aiguilles sur un cadran. Depuis lors, vingt brevets ont été pris pour la création de petits meubles analogues. La plus pratique de ces innovations, et la seule au reste qui paraisse avoir joui d'un véritable succès, est la *pendule veilleuse* que M. Pierret produisit en 1868. Cette veilleuse affecte la forme d'une petite lampe, portant sur son globe les indications horaires tracées en chiffres assez gros. Ce globe, animé d'un mouvement de rotation soigneusement réglé, présente toujours aux regards de l'observateur la partie sur laquelle se trouve figurée l'heure présente. Mais ce mouvement régulier de rotation — comme du reste le fonctionnement des horloges de l'académicien de Villayer et du dessinateur Schublers — ne peut s'obtenir qu'à l'aide d'un mécanisme compliqué, mû lui-même par un appareil d'horlogerie. Or cette constatation nous amène, tout naturellement, à parler d'un genre d'horloges, le plus savant et le seul qui de nos jours soit d'un usage général : les HORLOGES MÉCANIQUES, objet de la seconde partie de ce livre.

Avant de terminer avec ces appareils plus ou moins primitifs, ajoutons que les diverses innovations dont nous venons de passer la rapide revue, pour curieuses et intéressantes qu'elles puissent paraître, ne présentent plus aujourd'hui qu'un intérêt purement rétrospectif. La prodigieuse quantité de montres et de pendules portatives qu'on fabrique actuellement, ainsi que leur bas prix ; la facilité de disposer ces montres et ces pendules à portée du regard et de la main ; la possibilité d'avoir à tout instant de la nuit une lumière suffisante pour lire leurs indications ; la faculté qu'ont enfin les montres à répétition de nous dire l'heure, même dans l'obscurité, enlèvent pour l'avenir tout intérêt pratique aux horloges lumineuses que nous venons de décrire sommairement. Il est donc inutile de rechercher les règles auxquelles leur construction logique et leur décoration peuvent obéir. Par contre, il ne saurait en être de même pour les horloges dont il est parlé dans les chapitres suivants.

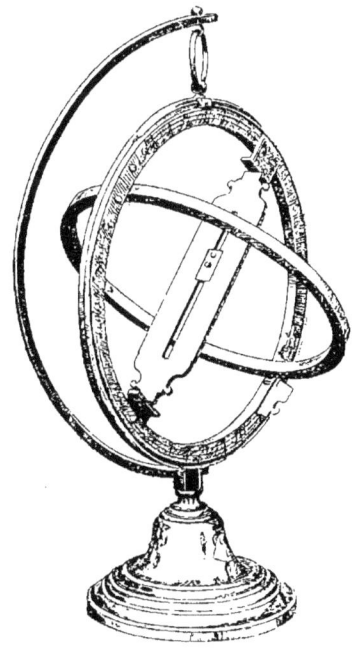

Fig. 28. — Cadran solaire en forme d'anneau.
(CONSERVATOIRE DES ARTS ET MÉTIERS.)

DEUXIÈME PARTIE

L'HORLOGERIE MÉCANIQUE

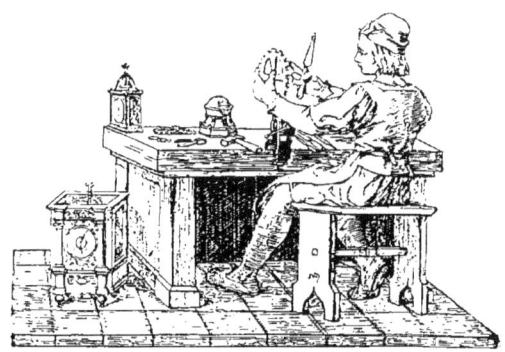

Fig. 29.

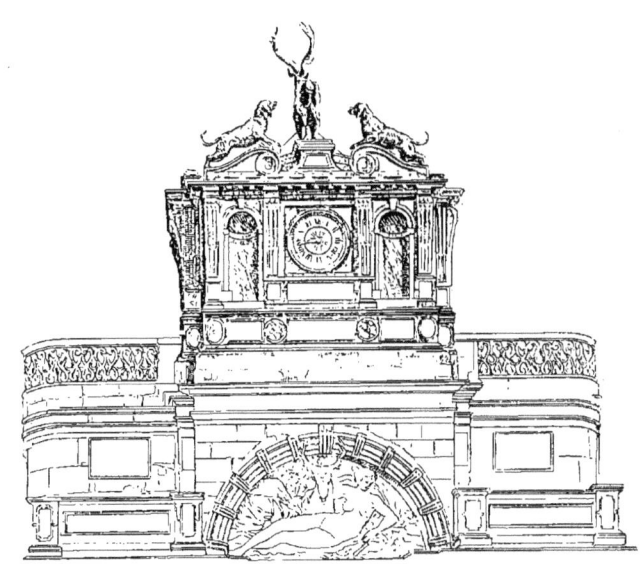

Fig. 30. — Horloge du château d'Anet.

I

LES HORLOGES MONUMENTALES

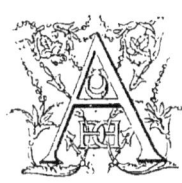INSI que nous l'avons établi dans la première partie de ce livre, les sonneries d'église jouèrent, durant toute une suite de siècles, un rôle important dans l'existence publique et privée de nos ancêtres. On peut aisément conclure de là que les premières horloges mécaniques installées au sommet des clochers et des beffrois prirent de suite, dans la vie civile, une importance encore bien plus considérable. « Au Moyen Age, écrit avec beaucoup de raison M. Paul Dubois, l'érection d'une horloge dans une ville était un événement mémorable[1]. » A partir du jour de sa mise en place, elle se

1. *Histoire de l'horlogerie*, p. 63.

transformait en une manière de providence occulte, prodiguant aux habitants les indications utiles, les informant à intervalles réguliers de la marche du temps et les avertissant aussi des devoirs périodiques qu'ils avaient à remplir. Désormais c'était elle que l'on consultait pour ouvrir ou fermer les portes de la ville, pour convoquer les assemblées, pour fixer le moment des repas, pour annoncer le commencement et la fin du travail. En un mot, l'horloge devenait promptement le régulateur officiel des actions publiques et privées. Aussi les poètes reconnaissants n'hésitaient-ils pas à la proclamer

> Un instrument très bel et très notable
> Également plaisant et pourfitable,
> Car nuit et jour les heures nous aprent
> . . . .
> En l'absence mesme du soleil[1].

Mais pour rendre possible le fonctionnement de ces précieux appareils, trois grands perfectionnements devaient se produire : 1° la substitution de la pesanteur d'un corps solide à l'action de l'eau, pour faire mouvoir le mécanisme ; 2° l'addition d'un régulateur, mû par les roues mêmes de l'appareil ; 3° l'intervention de l'échappement, modérateur suspendant à intervalles réguliers l'action du moteur et des roues, et produisant ainsi un mouvement alternatif, permettant de diviser le temps en fractions égales.

A quelle époque ces grandes innovations virent-elles le jour ? et, comme conséquence, à quelle époque les premières horloges purement mécaniques furent-elles construites ? Les écrivains spéciaux sont généralement d'accord pour fixer la date de cette admirable invention au xe siècle. Un montagnard français devenu moine sous le nom de Gerbert et pape sous celui de Sylvestre II, qui, entre temps, avait été précepteur d'Othon III, empereur d'Allemagne, et de

---

1. Voir *Li orloge amoureux* dans les *Poésies de Froissart* (t. Ier, p. 58).

Robert Ier, roi de France, supérieur du couvent de Bobio, en Italie, et archevêque de Reims, passe pour avoir doté — sous le règne de Hugues Capet — le monde civilisé de cette découverte, une des plus importantes par ses conséquences. Cette attribution est assurément très glorieuse pour notre pays. Est-elle bien fondée ? Il serait peut-être téméraire de le prétendre ; car elle a donné lieu, depuis deux siècles, aux débats les plus contradictoires, sans que de part ou d'autre aucun argument décisif ait été produit.

Le certain c'est que Gerbert fut, sans contredit, un des savants les plus distingués, un des génies les plus complets de son temps, un de ces esprits universels dont l'humanité s'honore. Non seulement il parlait couramment toutes les langues alors connues, les mortes et les vivantes, mais il était mathématicien, astronome, physicien, géomètre. Ses connaissances en mécanique étaient des plus étendues. Il avait lu et commenté les œuvres des philosophes d'Alexandrie et de Grèce. Il connaissait les curieuses horloges décrites par Vitruve, reproduites et perfectionnées par Cassiodore et Boèce. Dans un long séjour fait en Espagne, il avait été initié, au contact des Maures, aux connaissances astronomiques des Arabes, et avait profité de leurs observations.

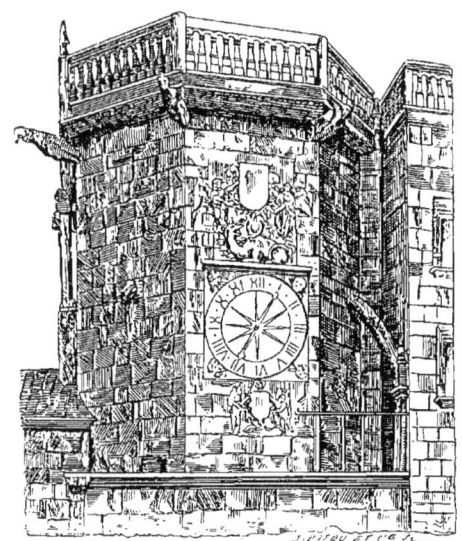

Fig. 31. — Horloge de l'hôtel de ville de Riom.

Tout se réunit donc pour le désigner comme l'auteur probable des grandes découvertes qui nous occupent. Mais ni les *Annales bénédictines,* ni le président Hénault, ni Moréri, ni aucun de ceux qui revendiquent pour lui la gloire d'avoir le premier appliqué le poids moteur aux horloges, et d'être l'inventeur de l'échappement, aucun écrivain, aucun biographe ne fournit à l'appui de cette prétention des preuves irrécusables.

Ce qui, par contre, semble irréfutablement établi, c'est que pendant deux siècles l'admirable invention attribuée à Gerbert ne fut guère utilisée. A l'exception d'un passage emprunté aux *Usages de l'ordre de Cîteaux,* compilés vers 1120, et qui fait mention d'heures sonnées par l'horloge du couvent, on ne trouve, au XIe pas plus qu'au XIIe siècle, aucune trace d'horloges publiques. Encore n'est-il point certain que celle dont il est parlé dans la compilation que nous venons de citer, soit une horloge purement mécanique. Pour rencontrer un de ces appareils bien authentiques, il faut arriver au XIVe siècle, à l'horloge sonnante édifiée par le mécanicien Beaumont, en 1314, sur la tour qui défendait l'entrée du pont de Caen. Dix ans plus tard, un bénédictin anglais, nommé Wallingfort, confectionnait une horloge du même genre pour le couvent de Saint-Alban, et en 1344 Jehan de Dondis installait au sommet de la tour de Padoue l'horloge qui devait rendre son nom à jamais illustre.

Philippe de Mézières, dans un ouvrage intitulé *le Songe du viel pèlerin,* nous a laissé une description détaillée et un peu diffuse de ce monument justement célèbre. Pour la résumer, nous dirons que l'horloge de Jehan de Dondis, déjà très compliquée, marquait, outre les heures, le cours annuel du soleil, suivant les douze signes du zodiaque, et de plus le cours des planètes connues. Quoique son mécanisme comportât une quantité considérable de roues, « qui ne se pourroient nombrer bonnement sans défaire l'instrument », tout le mécanisme était gouverné par un seul poids, et les rouages, forgés en laiton, avaient exigé seize années d'un incessant travail.

A peine mis en place, cet appareil provoqua un enthousiasme indescriptible. La tour de Padoue et son horloge devinrent pour les curieux et pour les savants un lieu de pèlerinage. Si nous en croyons Philippe de Mézières, « les solennels astronomiens des plus loingtaines régions » vinrent visiter l'auteur de ce chef-d'œuvre « à grant révérence » et contempler avec admiration « l'ouvrage de ses mains », et « tous les grants clercs d'astronomie, de philosophie, de médecine » n'hésitèrent pas à déclarer que, de mémoire d'homme, on n'avait fait « un si soubtil, ni si solempnel instrument du mouvement du ciel, comme l'orloge dessusdit ».

La réputation européenne obtenue par cette horloge fameuse excita à la fois l'émulation des savants et, chez les princes et les bourgeois des riches cités, le désir de posséder des appareils du même genre. Aussi, dans la seconde moitié du XIVe siècle, les horloges se multiplièrent-elles un peu partout, avec une surprenante rapidité. Pendant cette période de cinquante ans, les villes de Paris, de Senlis, de Courtrai, d'Amiens, de Montélimart, furent dotées d'horloges monumentales. Charles V en fit exécuter une fort belle au château de Beauté, sa résidence favorite[1]. Les châteaux de Hesdin et de Plessis du Parc en furent également pourvus. On connaît la date de construction des horloges de Chambéry (1376) et de Sens (1377); celle de Lille fut commandée à la fin de 1378 à Pierre Daimleville. En 1379, celle de l'église de Troyes existait déjà depuis nombre d'années, car on fut obligé d'y repeindre les « ymages des heures » et d'y récrire « les noms des mois ».

1. L'exécution de cette belle horloge, œuvre de Pierre de Saint-Béalte, n'avait pas coûté moins de deux cents francs d'or, somme considérable pour le temps.

Celle de Montargis fut terminée après la mort de Charles V, et portait autour de son timbre cette légende : *Charles le Quint, roi de France, me fit par Jouvance, l'an mil trois cent cinquante et trente.* L'horloge de Cambrai fut mise en place en 1385. Le Gros Horloge de Rouen, commencé par Jourdain de Lectre, fut achevé en 1389 par Jehan de Felanis. L'horloge de Metz date de 1391 ; quant à celles de Moulins, de Montpellier, de Riom, de Compiègne, etc., elles remontent aux premières années du xve siècle.

De ces nombreux monuments, il en est un surtout capable de nous intéresser, d'abord parce que nous en connaissons exactement l'histoire, et en second lieu parce que nous possédons une description exacte de son mécanisme primitif, tracée à une époque où ce mécanisme fonctionnait encore ; c'est celle que Charles V fit établir à Paris dans la tour du palais de justice. « Le moteur de cette horloge, écrivait, il y a près de cent cinquante ans, Julien Le Roy, est un poids attaché à une corde roulée sur un cylindre. Si le poids descend, le cylindre tourne ; le mouvement de rotation se transmet par engrenage à une dernière roue verticale en forme de couronne, portant sur des dents dont la face antérieure est perpendiculaire au plan de la roue, en un mot semblable à ce qu'on appelle une roue de rencontre. C'est sur cette roue qu'agit un organe spécial, destiné à produire la suspension du travail moteur, de telle sorte qu'au lieu d'être consommé dans un instant, il suffise pendant une longue période de temps à entretenir le mouvement de l'appareil. Cet obstacle se compose de deux palettes placées à angle droit l'une sur l'autre. Quand une palette est repoussée, l'autre s'engage pour être repoussée à son tour, en arrêtant ainsi à chaque instant le mouvement de la roue, et avec lui le déroulement du poids moteur. L'axe vertical de la palette porte à sa partie inférieure une barre appelée *foliot,* chargée de poids dont l'inertie forme une résistance qui s'oppose au mouvement de la roue, en raison de la grandeur de ces poids et de leur éloignement de l'axe. »

Ce mécanisme, qui peut paraître aujourd'hui d'une simplicité assez rudimentaire, avait été confectionné par un ingénieur allemand du nom de Jehan de Vic. Cet artiste, mandé spécialement à Paris par Charles V, ne travailla pas moins de huit années pour mener à bien cette difficile entreprise. Logé dans la tour même du palais, il toucha, pendant tout ce temps, un salaire élevé qui lui fut continué, ainsi que son logement, une fois son œuvre achevée.

Cette habitation permanente de l'horloger dans la tour même de l'église n'est point, au surplus, un fait unique et ne doit pas être considérée comme une pure gracieuseté royale. A ces époques, la conduite de chaque horloge exigeait la présence constante d'une personne préposée à sa garde et à sa surveillance. Froissart avait raison de dire :

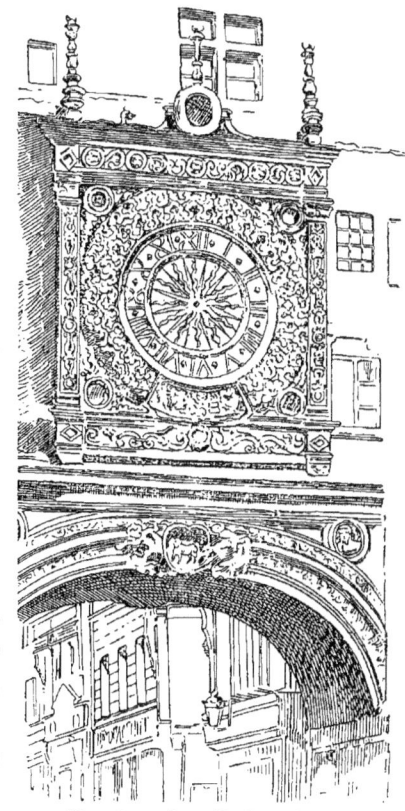

Fig. 32. — Gros Horloge de Rouen.

> Et pour ce que li orloge ne poet
> Aller de soy, ne noient se moet,
> Se il n'a qui le garde et qui en songne,

> Pour ce il fault à sa propre besongue
> Ung orlogier avoir, qui tart et tempre,
> Diligemment l'administre, et attempre
> Les plons reliève et met à leurs debvoir.

Deux cents ans plus tard, le vieux Cats ajoutait dans ses *Emblèmes,* avec autant de malice que de raison :

> Horloge entretenir,
> Jeune femme à son gré servir,
> Vieille maison à réparer,
> C'est toujours à recommencer.

Il fallait, en effet, plusieurs fois par jour remonter le poids et, dans le principe, après chaque sonnerie, remonter les rouages qui mettaient en mouvement les marteaux frappant les heures. Cette sujétion dura fort longtemps. Au XVIe siècle, si nous en croyons M. Bégin [1], la corde qui servait à remonter la sonnerie de la grande horloge de Metz aboutissait dans la chambre même du gardien, afin que celui-ci pût procéder à cette besogne sans se déranger. A la même époque, la conduite de l'horloge de l'hôtel de ville de Paris était confiée à un nommé Martin Benoît, qui, d'après une quittance publiée par M. Le Roux de Lincy, s'obligeait à « relever les contrepoids chacun jour et la faire sonner ordinairement [2] ». Nous-même nous ne pouvons oublier que, visitant il y a vingt ans le beffroi de Bruges, nous constations la présence, au sommet de la tour, d'une équipe de gardiens chargés de remonter le carillon six fois par vingt-quatre heures.

Il n'en faudrait pas conclure toutefois qu'au XIVe et au XVe siècle on tenait rancune à ces horloges d'être aussi assujettissantes. Les services qu'elles rendaient étaient au contraire jugés si précieux, qu'elles passaient, aux yeux de leurs heureux possesseurs, pour des trésors d'un prix ines-

---

1. *Description de la cathédrale de Metz.*
2. *Histoire de l'hôtel de ville.*

timable. S'il en fallait une preuve, nous invoquerions le singulier empressement que mit Philippe le Hardi, duc de Bourgogne, à faire, après la prise de Courtrai, démonter l'horloge de cette ville et à la faire transporter à Dijon. « Avant que le feu y fût bouté, écrit Froissart[1], le duc de Bourgogne fit ôter des halles un oroloige qui sonnoit les heures, l'un des plus beaux que on sçut delà ni deçà la mer, et cet oroloige mettre tout par membres et par pièces sur chars, et la cloche aussi; lequel oroloige fut amené et acharié en la ville de Dijon en Bourgogne; et là fut remis et assis, et y sonnent les heures vingt-quatre entre jour et nuit ». Les fameux *jacquemarts* de Dijon rappellent, encore aujourd'hui, cette sanglante conquête.

Un autre fait extrêmement remarquable, c'est qu'à une époque où la fabrication des horloges laissait grandement à désirer au point de vue de la précision et de la régularité, au lieu de donner exclusivement leurs soins à l'amélioration du mécanisme, et de chercher à obtenir par d'intelligentes simplifications une exactitude plus grande, les mécaniciens épuisaient leur ingéniosité à compliquer ces primitives machines et à les surcharger de pièces accessoires dont la multiplicité ne pouvait que nuire à leur bon fonctionnement.

Jusqu'au XVIIe siècle, en effet, la plupart des horloges publiques et privées furent assez grossièrement établies en cuivre ou en fer forgés et, comme mécanisme et perfection d'engrenage, n'étaient guère supérieures à nos tournebroches actuels[2]. Aussi était-ce à des *fèvres* ou serruriers qu'on s'adressait généralement pour la confection de ces volumi-

1. *Chroniques*, t. VIII, p. 370.
2. Jusqu'à la fin du XVIIIe siècle, la fabrication et la vente des tournebroches constitua une des branches importantes du commerce de l'horlogerie. L'*Almanach Dauphin* de 1772 signale à l'attention du public : l'horloger Magito, qui avait confectionné le tournebroche du duc d'Orléans, « regardé comme un chef-d'œuvre dans son genre »; l'horloger Roizin, auteur du tournebroche de l'École militaire, de ceux des Invalides et de l'hôpital général; l'horloger Bunon, renommé pour ses tournebroches portatifs, etc.

neux appareils. En 1381, « l'oreloge du roi Charles VI s'étant trouvée despecée », ce fut « ung fèvre » de Senlis nommé Robert d'Origny qui « l'appareilla » et reçut pour ce fait 16 sols parisis. Les *Comptes des ducs de Bourgogne*, à l'année 1407, nous apprennent que le fèvre « Jehan d'Alemaigne » fournit le mouvement d'une « petite oreloge » pour mettre « en la chambre de Madame ». En 1409 et 1410, dans les *Comptes de la ville d'Amiens*, nous voyons figurer le serrurier Jean Loisel avec la qualification de « maistre de l'orloge du beffroy ». En 1446 Jean de Rouvroy prend le titre de « serrurier et orloger de la ville d'Amiens ». Quinze ans plus tard, les consuls de Montélimart, ayant éprouvé le besoin d'avoir une horloge publique, firent marché pour cette fourniture avec le sieur Pallier, serrurier à Valence[1]. Enfin, en 1481, les *Comptes de la chambre du roi Louis XI* portent un payement de 4 livres tournois à « Pierre Cormier, serrurier, pour avoir habillé l'orloge dudict Seigneur au Plessis-du-Parc, et pour y avoir faict aultres choses. »

Au XVIe siècle, bien que l'horlogerie eût réalisé de grands progrès, ces confusions professionnelles existaient encore. En 1508, le serrurier Pierre Parent portait le titre de « conducteur de l'orloge du beffroy d'Amiens »; et, en 1536, son fils Jean Parent, également serrurier, occupait la même charge.

Qui se serait attendu, après cette constatation, à voir se greffer sur un mécanisme aussi rustique, tout un monde de rouages chargés de fournir une quantité d'indications étrangères à l'heure, et de révéler au public une foule de faits accessoires, comme dans cette fameuse horloge de Strasbourg qui, construite en 1352 et reprise en 1573, fut longtemps considérée comme la troisième des sept merveilles de l'Allemagne, et demeura pendant près de trois cents ans un objet d'étonnement à cause de ses surprenantes complications ?

---

1. *Archives de la Drôme*, série E, p. 372.

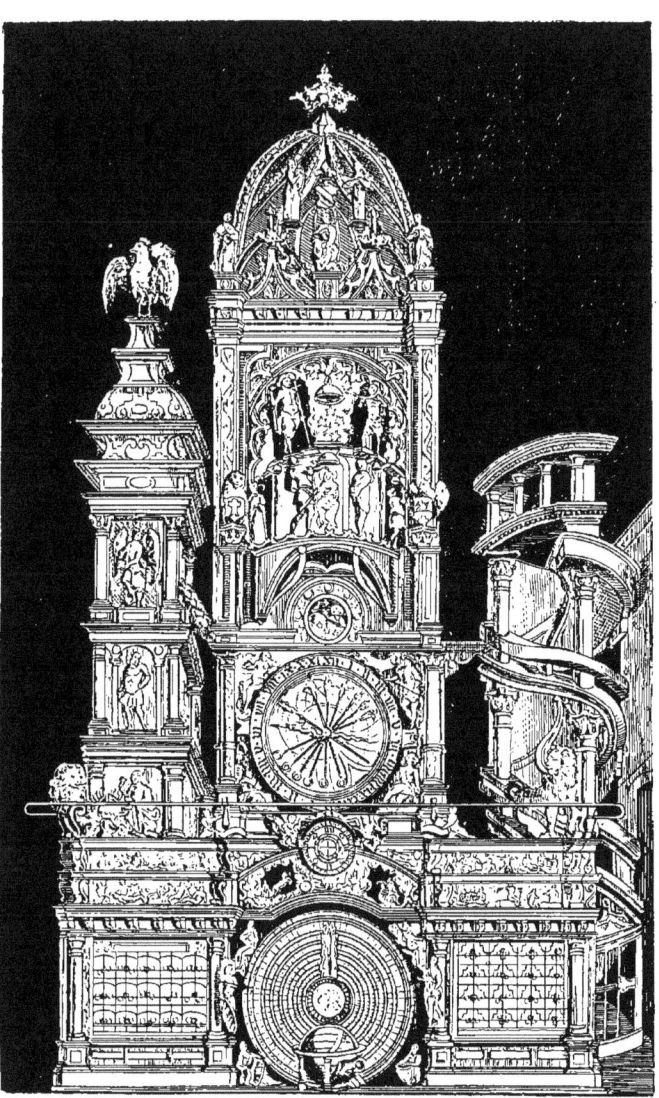

Fig. 33. — Horloge de Strasbourg.

Elle comprenait, en effet, le comput ecclésiastique, un calendrier perpétuel avec les fêtes mobiles, un planétaire d'après le système de Copernic, présentant les révolutions moyennes tropiques de chacune des planètes visibles à l'œil nu, les phases de la lune, les éclipses de soleil et de lune, le temps apparent et le temps sidéral, une sphère céleste indiquant la précession des équinoxes, les équations solaires et lunaires pour la réduction des mouvements moyens du soleil et de la lune en temps et lieux vrais, etc. Les heures, leurs subdivisions, les jours de la semaine avec les signes des planètes qui y correspondent, étaient marqués à l'extérieur et à l'intérieur. De plus, un cadran intérieur, n'ayant pas moins de 9 mètres de circonférence, donnait le quantième, la lettre dominicale, le saint ou les saints du jour, etc. Deux génies ailés étaient assis aux deux côtés du petit cadran. Tous les quarts d'heure, celui de droite frappait sur un timbre un coup à l'instant répété, au-dessus de chaque cadran, par un automate représentant l'un des quatre âges de la vie; l'Enfance donnait le premier quart, l'Adolescence le second, la Virilité le troisième, la Vieillesse le dernier. La Mort, placée sur un piédestal, à côté de la Vieillesse, était chargée de frapper les heures; et chaque fois le second des petits génies ailés que nous venons de signaler, retournait un sablier dont le contenu s'écoulait en une heure. A midi, à la sonnerie des heures succédait une procession des douze apôtres qui, s'inclinant chacun d'une manière particulière, venaient saluer le Christ, lequel, placé sur un piédestal, étendait sur eux ses mains comme pour les bénir. En même temps, le coq, perché sur la tour gauche, agitait ses ailes et faisait entendre trois fois son chant de victoire. Des chars portant des figurines sortaient alternativement d'un groupe de nuages, placé au-dessus du cadran des heures, et indiquaient les jours de la semaine, ingénieusement représentés par des divinités païennes.

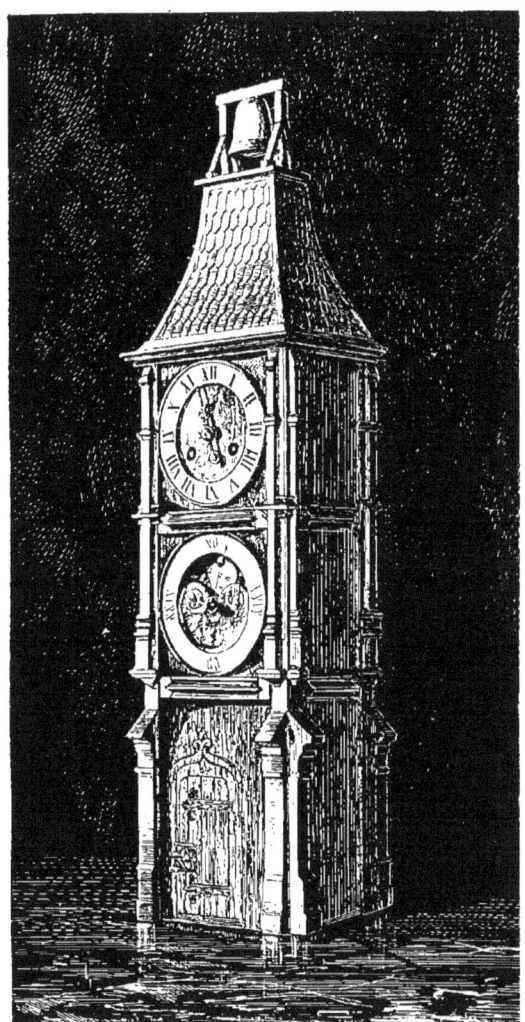

Fig. 34. — Horloge de la cathédrale de Bourges.

Il serait difficile, on l'avouera, d'imaginer une œuvre plus compliquée [1], et cependant, même en ces temps lointains, l'horloge de Strasbourg n'était pas un monument unique en son genre. En regard de certaines horloges d'une sévère simplicité, comme celle de la cathédrale de Bourges (voir fig. 34), qui ne comporte que deux cadrans fournissant avec l'heure le jour et le quantième, on en pourrait citer nombre d'autres qui, par leur invraisemblable complication, embarrassent le spectateur plus qu'elles ne le renseignent : celle de Besançon notamment, qui, restaurée il y a une trentaine d'années, ne comprend pas moins de trente cadrans fournissant des indications différentes. Nous avons vu, au surplus, par la fameuse horloge de Jehan de Dondis, que l'Italie, à ce point de vue, n'avait rien à envier à l'Allemagne et à la France. Mais ce qui distingue surtout les horloges publiques de ce temps, ce sont ces figurations d'automates qui devaient alors fortement impressionner les imaginations naïves, et plonger les foules superstitieuses dans une craintive admiration.

Ces représentations singulières, si bien dans le goût du Moyen Age, demeurèrent en honneur presque jusqu'au milieu du xviie siècle. Quelques-unes jouissent encore d'une véritable popularité. De ce nombre sont les deux *jacquemarts* de Dijon, qui battent les heures sur l'horloge que Philippe le Hardi enleva de Courtrai et donna à la ville comme marque de sa reconnaissance. Ces deux étranges figures, refaites au xvie siècle, ornées depuis lors de larges chapeaux et d'une pipe monumentale, augmentées au xviiie siècle d'un petit enfant chargé de sonner les *dindelles* [2], ont fait couler des flots d'encre. On les a célébrées sur tous les tons ; on les a chantées en vers et en prose. Il n'est

---

1. Ce chef-d'œuvre d'ingéniosité et de patience a été, on le sait, restauré ou pour mieux dire refait par un savant strasbourgeois nommé Schwilgué. Cette restauration n'a pas demandé moins de quatre ans.
2. Petites cloches qui indiquent les quarts.

pas jusqu'à leur nom, devenu en quelque sorte patronymique et sous lequel on désigne aujourd'hui d'une façon générale tous les automates du même genre, qui n'ait mis les imaginations en mouvement et provoqué des polémiques instructives [1]; et pendant que les étymologistes discutaient, que les savants ergotaient, Jacquemart, comme dit la vieille chanson bourguignonne,

> Jacquemart de rien ne s'étonne :
> Le froid de l'hiver, de l'automne,
> Le chaud de l'été, du printemps,
> N'ont pu le rendre mécontent.

Martin et Martine de Cambrai, quoique d'un âge moins respectable, sont presque aussi célèbres. Ces deux Maures à la figure peu avenante sont cependant d'une grande simplicité à côté des jacquemarts de Lund en Suède, et du fameux *Hans Von Iena*. La première de ces horloges, à chaque sonnerie de l'heure, montrait deux cavaliers qui, venant à la rencontre l'un de l'autre, se frappaient d'autant de coups qu'il y avait d'heures à sonner. Cela fait, une porte s'ouvrait, laissant voir la vierge Marie assise sur son trône, tenant le divin enfant entre ses bras, recevant les rois Mages qui venaient déposer à ses pieds leurs offrandes, pendant que deux trompettes sonnaient pour célébrer ce mémorable événement. Puis tout disparaissait pour reparaître à l'heure suivante. A Iéna, au-dessus du cadran de l'horloge, on voit une tête monstrueuse dont la bouche s'ouvre au moment où l'heure va sonner. Alors un vieux pèlerin approche de ses lèvres une pomme d'or piquée au bout d'un bâton; mais au moment où la pomme est sur le point d'être avalée, le pèlerin la retire prestement, condamnant ainsi le pauvre *Hans* à l'éternel supplice de Tantale. Pour équilibrer cette scène

---

1. Voir la définition de ce nom donnée par Furetière; la *Dissertation* de M. Gabriel Peignot sur le jacquemart de Dijon; M. Pierre Dubois dans son *Histoire de l'horlogerie*, etc.

grotesque, à gauche de la tête on aperçoit un ange lisant qui agite à chaque heure son livre et une clochette. Enfin, il ne faut pas oublier les fameux *Piquentins* qui depuis trois siècles font la joie et l'orgueil des habitants de Compiègne, non plus que les jacquemarts de Lambesc, chers à Mme de Sévigné.

Nous avons dit que le goût de ces automates se continua presque jusqu'au XVIIe siècle. Avec la Renaissance, toutefois, ils affectèrent une tenue plus noble et des allures plus classiques. Les énergiques forgerons qui martèlent le timbre de l'horloge de Saint-Marc, à Venise, l'emportent autant comme élégance de formes, sur les premiers jacquemarts de

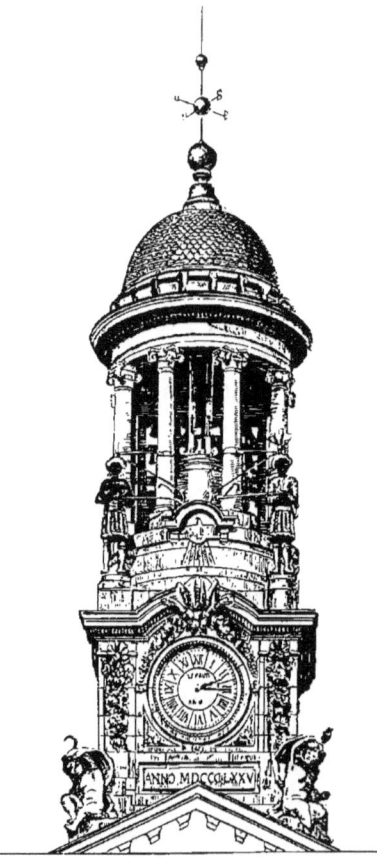

Fig. 35. — Martin et Martine de Cambrai.

Dijon[1], que la procession des rois Mages, placée juste au-

---

[1]. Ceux que nous voyons aujourd'hui furent refaits au commencement du XVIe siècle. Si l'on en croit une chanson du temps intitulée *le Mariage de Jaiquemar* et écrite pour célébrer cette transformation, les personnages actuels affecteraient des formes et une allure bien distinguées, comparées à leurs prédécesseurs, qui, laids, contrefaits et bossus, ressemblaient à l'Ésope antique.

dessus du cadran l'emporte en majesté sur celle de Lund. La même correction, la même distinction, se remarquent dans les personnages qu'anime cette admirable horloge de Saint-Jean à Lyon, jadis si brillante, aujourd'hui dans un état si lamentable. Cette merveille, achevée en 1598 par Nicolas Lippius de Bâle, réparée au XVIIIe siècle par le célèbre horloger lyonnais Guillaume Nourrisson, montrait toute une série d'aimables statuettes représentant les jours de la semaine et qui se succédaient les unes aux autres régulièrement à minuit. En outre, à chaque heure le coq, qui domine cette belle horloge, chantait, et aussitôt qu'il avait poussé son cri, un chœur d'anges, placés sous la voûte du dôme, exécutait l'hymne de saint Jean-Baptiste : *Ut queant laxis,* en frappant sur un carillon.

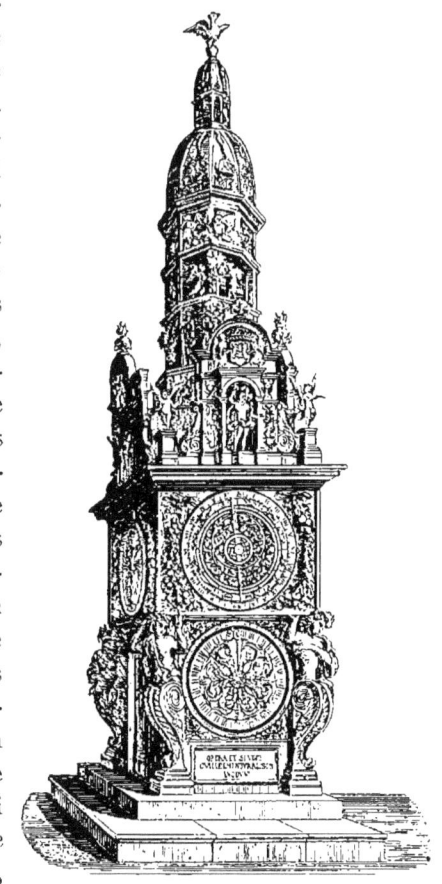

Fig. 36. — Horloge de l'église Saint-Jean (à Lyon).

L'horloge superbe que François Ier fit ériger à Fontainebleau, sur les dessins et sous la conduite de Philibert de Lorme, montrait également une ingénieuse personnification des jours de la semaine. Mais au lieu d'être représentés par de saints personnages, les jours ici étaient figurés par les dieux qui leur ont donné leurs noms respectifs. Ils apparaissaient sous la forme de sept belles statues d'Apollon, de Minerve, de Mars, de Mercure, de Jupiter, de Vénus et de Saturne, dont l'exécution avait été confiée aux sculpteurs Louis Sonnier et Fremyn Deschauffour. Enfin à Vulcain incombait le soin de sonner les heures, sous la conduite de Guillaume du Couldray, « orlogeur ordinaire du roy », qui avait été spécialement chargé de « vacquer au fait et conduitte des mouvements des figures des sept jours de la sepmaine[1] ».

De cette horloge où, pour la première fois, les figurations mythologiques et profanes prenaient la place des représentations sacrées, il convient de rapprocher l'horloge non moins curieuse que Henri II fit établir à Anet pour la belle Diane de Poitiers (voir fig. 30). Cette pièce particulièrement intéressante montre au-dessus du cadran une grande biche de bronze toute droite qui d'un de ses pieds de derrière frappe les heures, tandis que deux chiens pareillement de bronze et placés de chaque côté aboient alternativement un même nombre de fois.

Il semble que la vue de ces curieuses figures ait profondément impressionné le jeune Louis XIII, car, un jour qu'il battait de sa cuiller le bord d'un plat d'argent, — il avait alors cinq ans, — il s'écria : « Je sonne les heures comme le jacquemart qui frappe l'enclume[2] », faisant allusion au Vulcain de Fontainebleau. Toutefois, ce fut sous son règne qu'on renonça à ces représentations, ainsi qu'aux complications astronomiques dont on avait été si prodigue jusque-là. A partir du XVIIe siècle, en effet, les horloges publiques, si elles devinrent beaucoup plus nombreuses, se

1. Voir *Comptes des Bastimens*.
2. Héroard, *Journal*, t. Ier, p. 138.

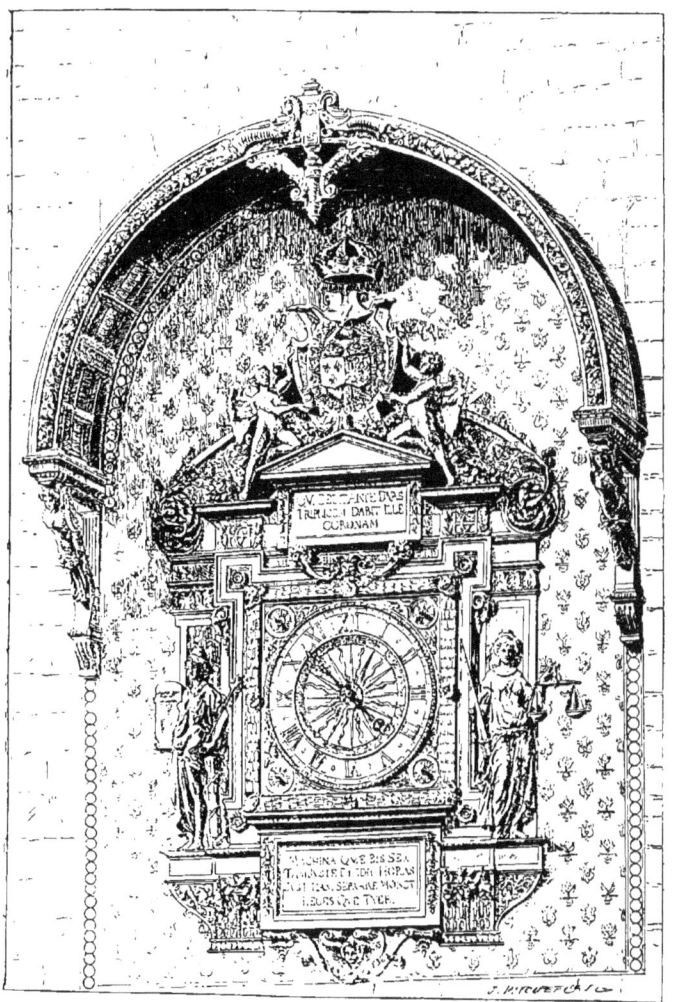

Fig. 37. — Cadran de l'horloge du Palais de Justice
à Paris.

firent aussi beaucoup plus simples. Au lieu de constituer des monuments exceptionnels, des objets de luxe en quelque sorte, qu'on désignait à l'attention publique par une ornementation d'une richesse souvent un peu prolixe, elles commencèrent d'être surtout des appareils de renseignement dont la mission désormais fut bien moins d'étonner le spectateur par une somptuosité débordante ou des complications inattendues, que de lui permettre de connaître aussi facilement que possible l'heure exacte.

Même dans les horloges qui, dépourvues d'automates et de figurations accessoires, se bornaient à un cadran unique, ce cadran, au xvie siècle, était demeuré très orné. Il offrait le plus souvent, comme le montrent encore l'horloge extérieure de la cathédrale de Chartres, le Gros Horloge de Rouen et le merveilleux cadran si parfaitement décoré de la tour du Palais de justice de Paris, une disposition rayonnante peu faite pour permettre de distinguer clairement la marche de l'aiguille. A partir du règne de Louis XIII, cette ornementation disparut progressivement. On en trouve encore des traces sur le cadran des Tuileries; mais l'horloge de l'église de la Sorbonne, qui remonte à 1642; celle de l'hôtel de ville de Lyon, commencée par Faure en 1647 et achevée par Daniel Gouin en 1650; celle du Val-de-Grâce, exécutée par Gossoin en 1667; celle du Pont-Neuf, que l'horloger Coignet termina en cette même année et devenue si célèbre sous le nom d'horloge de la Samaritaine, font montre d'une simplicité plus favorable à la lecture de l'heure. Il n'est pas inutile de remarquer que cette simplification coïncide avec un grand progrès réalisé dans la confection des appareils chronométriques.

En 1647 un savant mathématicien hollandais avait eu l'heureuse inspiration d'appliquer le pendule[1] à la régula-

---

1. Nous adoptons ici, relativement à l'invention du pendule, l'opinion la plus généralement admise, bien qu'une lettre de Carcavy à Huygens, publiée il y a quelques années par M. Charles Henry, bi-

risation de leur mouvement, et dès 1651 une transformation radicale s'était opérée dans l'art qui nous occupe. « Jusques

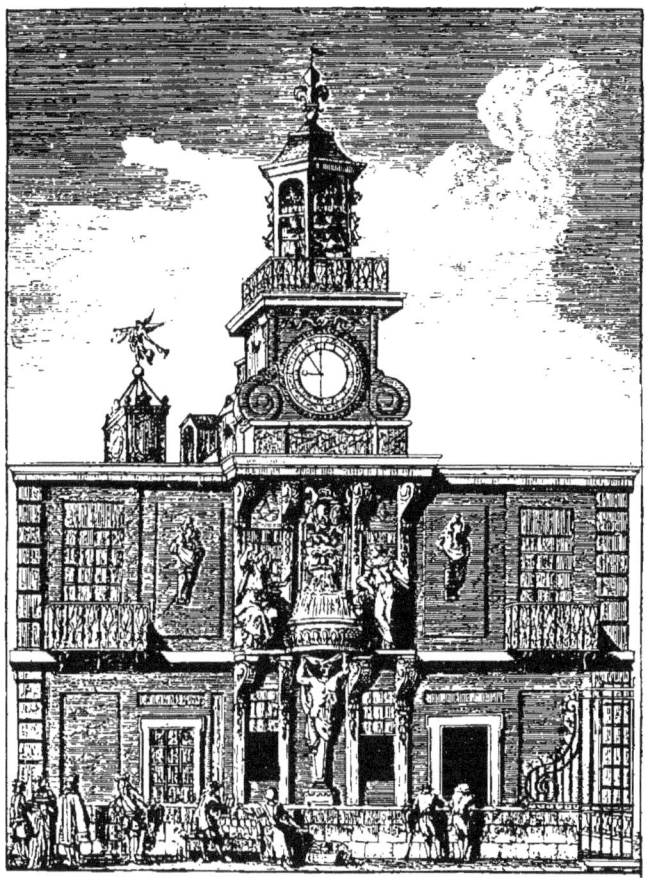

Fig. 38. — Horloge de *la Samaritaine,* d'après une estampe de Perelle.

à Huyghens, écrit Diderot, l'horlogerie pouvoit être consi-

bliothécaire de l'Université à la Sorbonne, soit venue donner la priorité à un horloger allemand établi à Angoulême, qui ne serait autre, si l'on en croit M. de Fleury, archiviste de la Charente, qu'un certain Georgius Kloss, installé dans cette ville dès l'année 1603. Il est pro-

dérée comme un art méchanique, qui n'exigeoit que de la main d'œuvre; mais l'application qu'il fit de la géométrie et de la méchanique ont fait de cet art une science, où la main d'œuvre n'est plus que l'accessoire, et dont la partie principale est la théorie du mouvement des corps, qui comprend ce que la géométrie, le calcul, la mécanique et la physique ont de plus sublime. »

Les limites de ce travail et le but tout spécial que nous poursuivons ne nous permettent pas d'entrer dans de longs développements techniques sur les merveilleuses découvertes de Huygens, sur la révolution féconde qu'elles produisirent dans l'horlogerie, non plus que sur l'essor extraordinaire qu'elles imprimèrent à ce bel art. En moins d'un siècle, la construction des appareils chronométriques fit plus de progrès qu'elle n'en avait réalisé en cinq cents années. Dès lors on put tabler en toute confiance sur les indications fournies par ces appareils, et, au lieu d'être obligé de rectifier continuellement leurs renseignements par des calculs astronomiques, ce fut l'horlogerie, au contraire, qui permit de contrôler dans une certaine mesure la marche des astres.

Les beaux travaux du savant hollandais servirent, en outre, de point de départ à une foule de découvertes précieuses. Les horlogers, possesseurs de procédés scientifiques, se divisèrent dès lors en deux grandes classes.

A côté des artisans fabriquant avec une habileté consommée les instruments qui composent ce qu'on est convenu d'appeler l'horlogerie civile, on vit apparaître des

bable que, comme il arrive souvent, plusieurs spécialistes et quelques mathématiciens eurent presque simultanément la même idée, et cherchèrent à rendre isochrones les mouvements du balancier. Ce fut assurément Huygens qui eut la meilleure inspiration. En tout cas, il ne faut pas oublier que l'horlogerie lui est aussi redevable de ce merveilleux modérateur et régulateur que l'on nomme le ressort spiral; quoique deux hommes illustres lui disputent également cette invention : un Anglais, le docteur Hook; un Français, l'abbé de Hautefeuille d'Orléans.

savants véritables qui, par le calcul, arrivèrent à résoudre

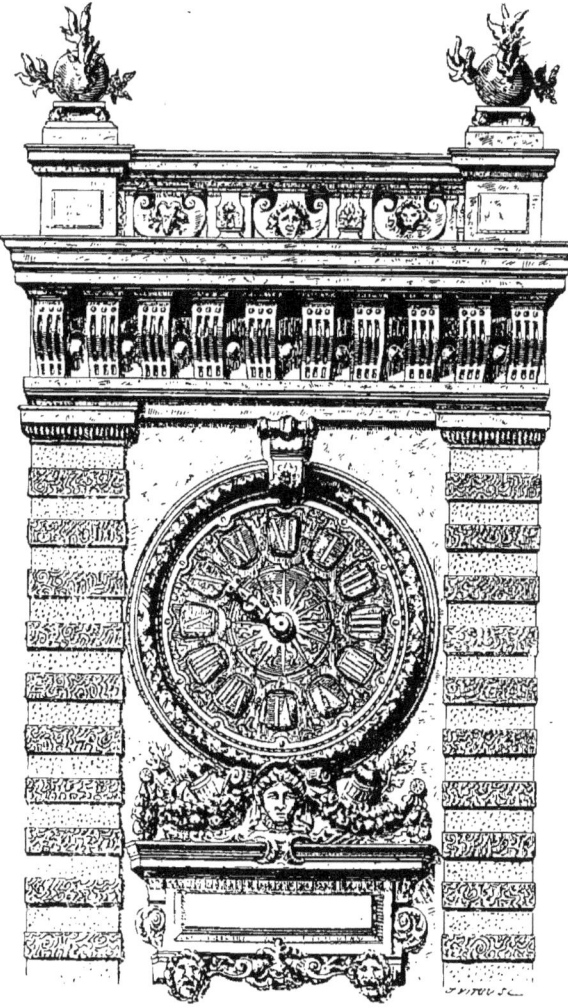

Fig. 39. — Cadran de l'horloge du Ministère de la guerre.

les problèmes les plus difficiles et à rendre pratiques les innovations les plus heureuses. Les perfectionnements les plus décisifs se succédèrent rapidement. Non seulement les horloges marquant les minutes et même les secondes se firent presque communes, mais les mécanismes à répétition, les pendules *polycamératiques*[1], les pendules à équation, etc., devinrent d'un usage en quelque sorte général.

Presque partout les appareils anciens furent remplacés par d'autres plus parfaits. Les horloges monumentales furent remaniées, perfectionnées, transformées. Dès 1665, l'horloger du roi, Martinot, adjoignit un pendule à l'horloge du château de Saint-Germain. En 1667 il refit celle de Fontainebleau; en 1670, celles de Versailles, des Gobelins et des Tuileries. Ajoutons que les émules de Martinot, Thuret et Coignet, rivalisaient avec lui d'ingéniosité et de zèle. Au siècle suivant, Roussel exécutait les horloges de l'église Saint-Paul, de l'Hôtel-Dieu et de l'Hôtel des postes; Pépin, celles de l'église Saint-Sauveur et de Saint-Sulpice. Enfin Jean-André Lepaute construisait celles du Luxembourg, du château de Bellevue, et remplaçait celle du Palais-Royal,.

On sait que ce dernier artiste compte, avec les Le Roy, les Berthoud, les Lépine, les Thiout, les Gaudron, les Rivaz, les Dutesta, les Wagner, etc., parmi les horlogers les plus fameux que l'Europe ait produits. Nous avons expliqué autre part les amères vicissitudes qu'il éprouva, à propos de l'horloge exécutée par ses soins pour la Ville de Paris[2]. Plus heureux dans sa famille que dans ses affaires, Jean-André Lepaute fut la souche d'une famille d'horlogers extrêmement distingués, où les femmes elles-mêmes se piquaient d'être des mathématiciennes de mérite; et lors

---

1. On donne ce nom savant à des horloges dont le mécanisme communique l'heure à plusieurs cadrans placés dans divers lieux, tels que cours, jardins, salles, etc. « En sorte que le maître de la maison, dit l'*Almanach Dauphin* de 1772, peut d'un même tour de clef fixer l'heure au dedans et au dehors, et donner l'ordre à la maison, sans être exposé à la multiplicité des pendules qui rarement s'accordent. »

2. *Dictionnaire de l'ameublement et de la décoration*, t. II, col. 1120.

de la reconstruction de l'Hôtel de ville en 1876, un de ses descendants eut l'honneur d'exécuter l'horloge qui remplaçait celle que son illustre aïeul avait livrée, il y a plus d'un siècle, et qui avait été détruite en 1871 par l'incendie.

Cette succession d'horlogers célèbres dans une même famille n'est pas, au surplus, un fait unique. Dans cette artistique profession, les dynasties d'hommes distingués ne sont point rares. Il y a vingt ans à peine, les noms des Gaudron, des Bréguet, des Lépine, des Wagner, étaient représentés par des descendants dignes de la haute réputation de leurs ancêtres, et qui, avec les Janvier, les Garnier, les Robert Houdin, les Vérité, soutenaient glorieusement les héroïques traditions de l'horlogerie française. C'est à eux, au surplus, que nous devons toutes ces horloges monumentales, régulateurs attitrés de nos actions, qui, nous rendant journellement de signalés services, ont donné naissance à cette vertu toute moderne qu'on appelle l'Exactitude.

Ajoutons que dans les questions décoratives, tout en revenant, nous l'avons dit, à une simplicité plus grande, qui permet à l'œil du spectateur de suivre plus facilement la marche des aiguilles, nos horlogers ne sont pas demeurés inférieurs à leurs glorieux prédécesseurs. Nous parlions à l'instant de l'horloge de l'Hôtel de ville. Les cadrans du Crédit lyonnais et du ministère de la Guerre attestent des recherches et un goût également indiscutables. Mais bien que de nombreux et très savants ouvrages aient été publiés depuis deux siècles sur l'horlogerie; bien que les travaux de Thiout et de Berthoud, au siècle dernier, en aient fixé la théorie; bien que les articles de Pierre Dubois et de Claudius Saunier, en notre siècle, aient jeté un jour décisif sur l'histoire de ce bel art et sur ses admirables progrès; il ne paraît pas qu'on se soit jamais sérieusement préoccupé de déterminer les règles qui doivent présider à la disposition extérieure et à la décoration des horloges monumentales.

C'est là cette lacune que nous allons essayer de combler.

II

DE QUELQUES RÈGLES A OBSERVER DANS LA DISPOSITION ET LA DÉCORATION DES HORLOGES MONUMENTALES

Nous avons expliqué autre part[1] que les Arts de la Décoration se distinguaient des Beaux-Arts proprement dits, en ce que ces derniers n'ont à relever que de certaines règles générales, alors que les premiers se trouvent par leur nature même soumis à une foule de conditions contingentes dépendant des dimensions de l'objet à décorer, de sa forme, de la fonction qu'il doit remplir, de la position qu'il doit occuper et de son usage. Ces conditions contingentes, dont le décorateur a le devoir de tenir compte, et qu'il ne lui est permis en aucun cas de négliger, prennent d'une façon générale, dans le langage des arts, le nom de *Convenances*. Il importe donc, avant toute chose, de bien établir quelles sont les convenances spéciales auxquelles la construction et la décoration des horloges monumentales se trouvent assujetties.

Ces conditions particulières sont au nombre de cinq. Lorsqu'une horloge monumentale est mise en place, il est indispensable :

1° Que son cadran soit facilement accessible aux regards et puisse être considéré sans effort pénible ;

2° Que rien, dans sa décoration propre ou dans son encadrement, ne vienne masquer sa vue ;

3° Que ses dimensions soient proportionnées à sa hauteur et au recul obligatoire, de façon à conserver une importance suffisante ;

---

1. Voir notre volume sur la *Décoration*, prop. XII.

4° Que les indications qu'il porte soient clairement distribuées et facilement lisibles ;

5° Enfin que toute la partie ornementale et décorative découle de la forme même du cadran et lui soit sagement subordonnée.

Il semble, au premier abord, que toutes ces exigences soient si conformes aux prescriptions de la raison, que jamais aucun horloger, aucun architecte, aucun décorateur, ne puisse songer sérieusement à s'en affranchir. Malheureusement il n'en est rien, et nous allons voir, en prenant ces questions une à une, que, soit négligence, soit manque de raisonnement, il arrive souvent qu'architectes, horlogers ou décorateurs, ne tiennent pas un compte suffisant de ces prescriptions si raisonnables.

Nous avons dit que la première condition à remplir pour une horloge publique, c'est de présenter un cadran facilement accessible aux regards. Et en effet son but et sa raison d'être étant d'apprendre l'heure au passant, l'horloge manque au premier de ses devoirs si sa contemplation exige un effort pénible et oblige celui qui la consulte à des mouvements fatigants ou à des contorsions ridicules.

Pour satisfaire ce premier desideratum, il est indispensable que l'horloge soit établie à une hauteur convenable. Un exemple fera bien comprendre la nécessité de cette condition primordiale, et nous choisirons pour notre démonstration une des horloges publiques les plus anciennes qui nous aient été conservées à peu près intactes : celle dont Philippe le Hardi s'empara à Courtrai, et dont il gratifia la ville de Dijon.

Les Dijonnais, très fiers de ce trophée, le placèrent au sommet de la façade de l'église Notre-Dame, et en cela ils firent bien, car cette façade extraordinaire, unique en son genre, que M. Viollet-le-Duc n'hésite pas à ranger parmi les types les plus élégants du style bourguignon, n'aurait pu, sans mutilations, recevoir à une autre place le présent du bon duc. Mais il résulte de cette situation élevée, qu'il est matériellement impossible pour les personnes suivant la rue Notre-Dame de voir distinctement le cadran de l'horloge. Pour pouvoir contempler ce cadran et les jacquemarts qui le surmontent, il faut s'engager dans la rue de la Musette, perpendiculaire à la façade de l'église, et s'éloigner à une certaine distance, c'est-à-dire prendre un recul assez grand.

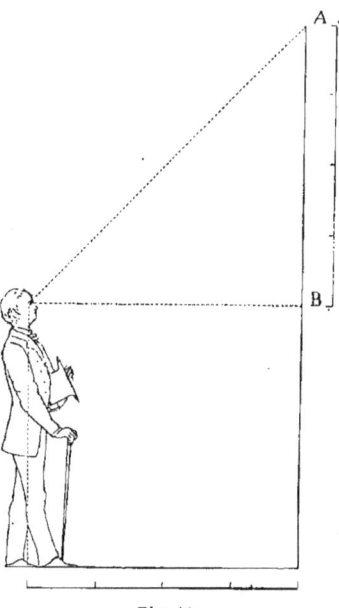

Fig. 40.

Cette constatation nous apprend que l'architecte, l'horloger ou le décorateur chargé d'établir un cadran d'horloge sur la façade d'un monument, doit, avant toutes choses, se préoccuper de la distance à laquelle il est possible de le contempler, et qu'il lui faut en régler la hauteur d'après le recul normal que peut prendre la personne désireuse de connaître l'heure.

Possède-t-on quelques règles établissant la proportion qui doit exister entre ces deux distances : la hauteur du cadran et le recul du spectateur? Jusqu'à présent il ne paraît pas qu'on ait pris soin d'en fixer qui soient certaines. Cependant l'observation fournit des indications qui semblent ne devoir point être négligées. Elle nous enseigne que la contemplation d'un objet élevé ne présente pas de difficultés sérieuses quand le recul que peut prendre l'observateur est égal à la hauteur même de l'objet au-dessus de la ligne d'horizon ; en un mot, quand le triangle idéal constitué par le point C, où se trouve l'œil de l'observateur, le point de rencontre B, qui marque l'intersection de la ligne d'horizon avec la verticale de l'édifice, et le point A, surface à contempler, est isocèle.

Il demeure bien entendu que cette hauteur constitue un maximum, car dès qu'elle est dépassée, la fatigue commence pour le spectateur. Par conséquent, en aucun cas elle ne doit être supérieure, mais au contraire, dans la pratique, il faut la tenir sensiblement plus réduite.

Prenons comme exemple une rue, une avenue, un boulevard mesurant 30 mètres de large. Eh bien! ce serait commettre une grave erreur que de placer notre cadran à 30 mètres de haut, puisque alors on ne pourrait lire facilement ses indications, qu'à la condition d'aller se plaquer le long de la façade opposée. Dans une avenue ou sur un boulevard de cette largeur, le trottoir qui règne de chaque côté mesure généralement de 5 à 7 mètres; c'est donc la bordure du trottoir opposé qu'il faut prendre comme point maximum de recul, et le cadran, dans ce cas, ne doit jamais être placé à plus de 20 mètres de haut. Mieux vaudrait même qu'il pût être facilement contemplé du milieu de la chaussée, et qu'il ne fût pas situé, par conséquent, à plus de 13 à 14 mètres du sol.

La seconde règle à observer, c'est que rien dans l'ornementation qui enveloppe notre cadran ne vienne en masquer la vue. — Voilà encore une de ces précautions tellement naturelles, qu'il semble oiseux d'insister sur son opportunité; et cependant trop souvent les architectes ou les décorateurs, sacrifiant l'utile à ce qu'ils considèrent comme l'agréable, rendent leurs cadrans à peu près invisibles en les entourant de saillies intempestives.

L'horloge de l'hôtel de ville de Lyon, établie au XVIIe siècle, est dans ce cas. Le fronton dont elle occupe le centre se trouvant légèrement en retraite, dès qu'on s'avance sur la place des Terreaux, pour mieux lire l'heure, une fâcheuse corniche qui déborde au-dessus de ce fronton vient mordre sur le cadran, et à mesure qu'on s'approche de la façade cette corniche cache progressivement les aiguilles et les heures.

A Paris, la magnifique horloge dont est ornée la façade du Crédit lyonnais se trouve presque dans le même cas. Les cariatides qui l'accompagnent à droite et à gauche, faisant une saillie exagérée, empêchent toute vue latérale. Il en est presque de même à l'Hôtel de ville de Paris; et si le défaut est ici moins sensible, c'est que, la place étant beaucoup plus vaste, le cadran est généralement contemplé de plus loin. On fera donc bien de ne jamais oublier que les horloges monumentales sont toujours vues de bas en haut, et plus généralement de côté que de face. Par conséquent, c'est commettre une faute lourde, que de les encadrer d'ornements trop saillants, qui viennent s'interposer entre le cadran et le regard.

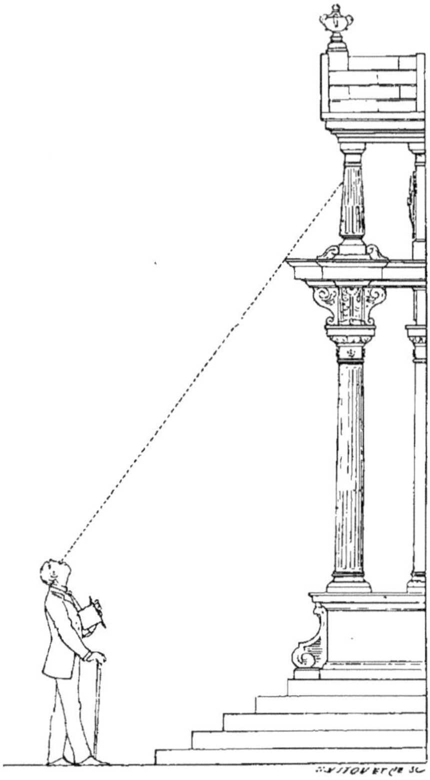

Ces recommandations sont d'autant plus opportunes que

Fig. 41.

l'amour exagéré des contrefaçons archaïques, dont notre époque est affectée, porte trop souvent nos décorateurs à recourir à des complications qui, pour être fort pittoresques, n'en sont pas moins fâcheuses. Nos figures 42 et 43 montrent comment, sous prétexte de protéger une horloge en abritant son cadran, on arrive à rendre, aussi bien de face que de côté, la lecture des heures à peu près impossible. Une cariatide, une guirlande, un tore même (notre fig. 43 le prouve), peuvent quelquefois produire le même effet. Pour parer à cet inconvénient et pour éviter que le cadre n'empêche de voir le tableau, on devra, autant que possible, faire affleurer le cadran au nu de la construction, de manière qu'aucune saillie inférieure ou latérale n'en dissimule la vue.

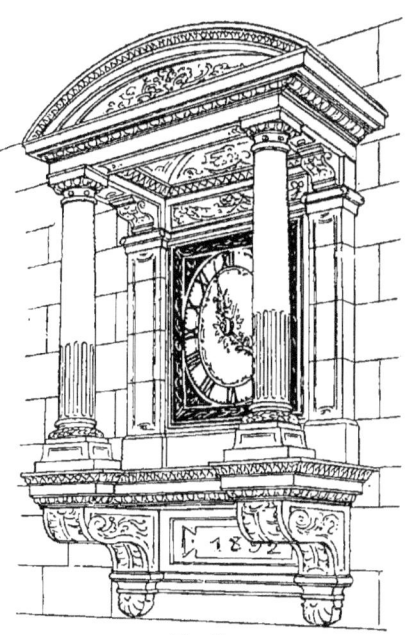

Fig. 42.

C'est, au surplus, ce qu'avaient parfaitement compris les horlogers, les architectes et les décorateurs du XVIe siècle. Le Gros Horloge de Rouen, le beau cadran extérieur de la cathédrale de Chartres, et celui plus magnifique encore de la tour du Palais à Paris (voir fig. 33), en fournissent la preuve. C'est seulement au XVIIe siècle que l'on commença de commettre le contresens que nous signalons, et le XVIIe siècle, on le sait, s'il brille par la redondance et la somptuosité de la décoration, ne se distingue pas toujours par une logique très rigoureuse.

Enfin, ajoutons encore que l'on fera bien, dans les horloges monumentales, de n'employer jamais que des cadrans plats et d'éviter avec soin les cadrans bombés, qui, s'ils font un effet agréable à l'œil dans les horloges d'appartement et dans les pendules de cheminée, par contre, dissimulent en partie l'heure, quand on les considère en raccourci (voir fig. 44) et présentent, exposés au grand air, des inconvénients d'un autre ordre. Le nettoyage des cadrans extérieurs est, en effet, forcément assez irrégulier. Or, la poussière et la pluie ayant plus de prise sur une surface courbe que sur une surface plane, la salissure, se produisant d'une façon inégale, devient plus visible, sans compter que la partie supérieure du cadran, exposée davantage aux rayons du soleil, a plus de chances de se détériorer et de se craqueler que la partie inférieure.

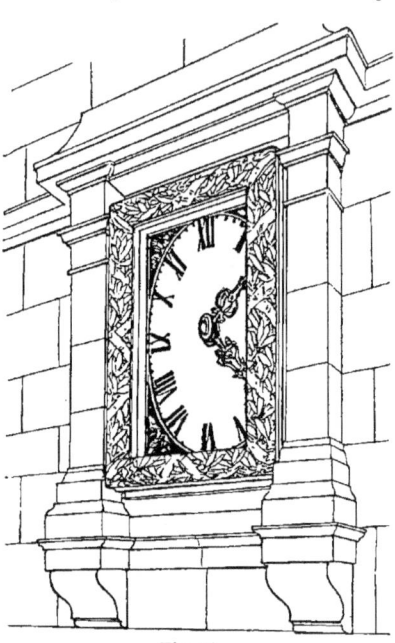

Fig. 43.

La troisième condition que doit remplir une horloge monumentale, c'est d'offrir des dimensions rigoureusement proportionnées à sa hauteur et à la distance maximum à laquelle peut se trouver le passant qui la consulte.

Il est clair, en effet, que plus une horloge est appelée à être considérée de loin, et plus — pour que l'heure reste lisible — son cadran doit être vaste. Cette condition, au reste, nous tenons à le constater, a de tout temps préoccupé les horlogers aussi bien que les architectes, et beaucoup de nos monuments montrent assez que ce délicat problème a été résolu souvent avec succès.

C'est ainsi, par exemple, qu'en entrant dans la cour du Louvre par le guichet ouvert sous la colonnade de Perrault, on aperçoit assez clairement l'heure au cadran du pavillon qui fait face. De même, dès l'extrémité du pont des Arts on peut, avec de bons yeux, lire les indications du cadran de l'Institut. Enfin il nous souvient qu'au temps où le Champ de Mars était libre, des hauteurs du Trocadéro, et malgré l'énorme distance, les personnes presbytes distinguaient l'heure au cadran de l'École militaire. On pourrait facilement citer d'autres exemples d'horloges dont la taille a été heureusement proportionnée aux exigences du point de vue.

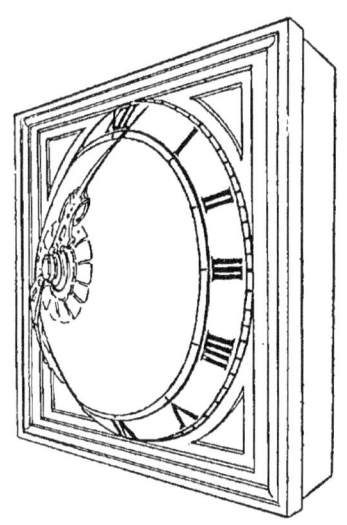

Fig. 44.

Pour obtenir régulièrement des résultats aussi satisfaisants, les horlogers prudents procèdent, chaque fois que cela leur est permis, d'une façon empirique : c'est-à-dire qu'ils présentent à la place destinée à recevoir leur cadran des modèles de dimensions différentes, et, après expérience, s'arrêtent à celui dont l'effet leur paraît devoir être le meilleur. Mais il arrive assez souvent que la grandeur de la baie appelée à recevoir le cadran se trouve arrêtée *à priori*, c'est-à-dire sur plans et avant qu'aucun essai de mise en place ne soit possible. Dans ce cas l'expérience nous apprend que pour conserver aux indications la netteté indispensable, il suffit généralement de donner au diamètre du cadran le dixième de la hauteur à laquelle il est placé, c'est-à-dire que le diamètre d'un cadran situé à 10 mètres du sol doit être au moins de 1 mètre ; qu'à 20 mètres il doit en compter au moins 2, et 3 si l'horloge est à 30 mètres du sol, etc. On a également constaté que, en observant ces proportions, les indications demeuraient lisibles avec un recul quadruple de la hauteur, c'est-à-dire qu'un cadran d'un mètre situé à 10 mètres de haut présente des indications suffisamment nettes pour être distinguées par une personne, ayant une vue moyenne, placée à 40 mètres du pied de l'édifice ; qu'à 80 mètres on perçoit assez bien l'heure à un cadran de 2 mètres placé à 20 mètres du sol, et à 120 mètres celle indiquée par un cadran de 3 mètres comportant une élévation de 30 mètres environ.

Il doit être bien entendu — ne craignons pas d'insister sur ce point — que ces proportions constituent un minimum, et que les horlogers prudents ont toujours soin de se tenir plutôt au-dessus qu'au-dessous des chiffres que nous indiquons. C'est ainsi, par exemple, que les horloges de la gare Saint-Lazare, placées à 23 mètres de haut, et qui devraient dès lors mesurer $2^m,30$, présentent un développement de $2^m,40$ de diamètre, et que l'horloge qui décore la tour d'angle du Ministère de la Guerre, bien que située seulement à 25 mètres du sol, mesure plus de $3^m,50$.

Mais pour qu'une horloge monumentale remplisse convenablement son rôle, il ne suffit pas que le cadran soit de dimensions convenables ; les chiffres d'heures, les points de minutes, l'épaisseur des aiguilles, doivent être de taille suffisante et disposés de telle sorte que le regard en saisisse de suite les indications. C'est là, au reste, la quatrième des conditions que doit remplir une horloge bien construite, et non la moins importante. Il est indispensable, en effet, que l'œil puisse cueillir au passage — qu'on nous permette ce mot — le renseignement dont il a besoin. Toute horloge en présence de laquelle le regard hésite et l'esprit se voit obligé à des calculs, doit être tenue pour défectueuse.

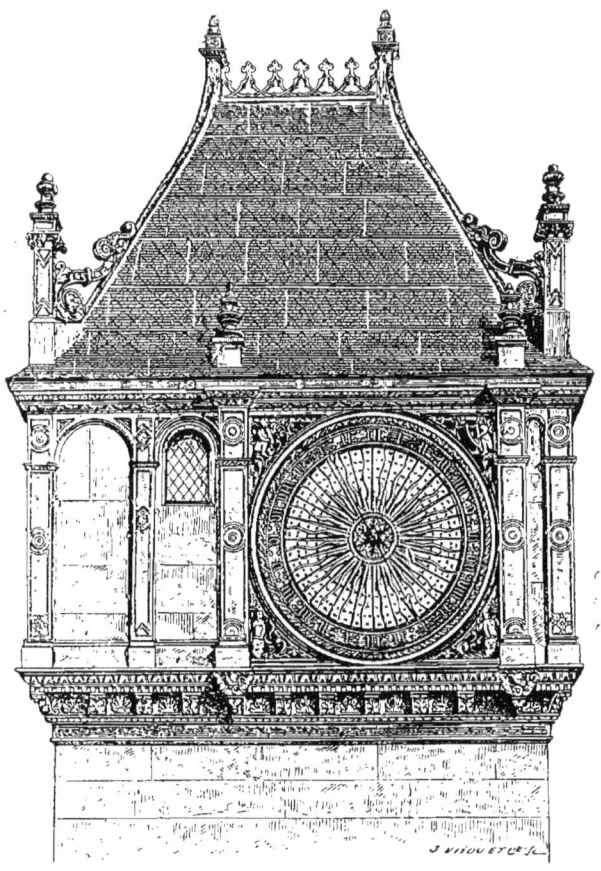

Fig. 45. — Horloge extérieure de la cathédrale de Chartres.

Depuis deux cents ans, la solution de cette quatrième difficulté est devenue relativement facile. Jusqu'au XVIIe siècle, en effet, les horloges publiques et privées ne possédaient qu'une aiguille et leur cadran était divisé en 24 parties égales, représentant les heures du jour et celles de la nuit. On peut voir encore la curieuse répartition de ces 24 heures sur les cadrans des deux horloges de la cathédrale de Chartres, des horloges de la cathédrale de Strasbourg; de Saint-Jean, à Lyon; de Saint-Marc, à Venise, etc.[1], et l'on comprend, sans qu'il soit besoin d'insister, combien cette profusion de chiffres augmente la confusion et rend la lecture des heures moins facile. Aussi, malgré le développement énorme qu'on était obligé de donner au cercle horaire, pour éviter un entassement excessif, éprouvait-on une certaine peine, pour peu qu'on fût à quelque distance, à distinguer les indications fournies par ces cadrans surchargés. A la fin du XVIe siècle, on renonça, en France, à la division en 24 heures, et, pensant que le public était assez avisé pour reconnaître s'il faisait jour ou nuit, on se borna à figurer 12 chiffres seulement, ce qui constitua un progrès sensible. Le Gros Horloge de Rouen est un des plus anciens spécimens, et le plus remarquable peut-être, qui marquent cette disposition nouvelle.

Néanmoins, si, de cette façon, il devenait plus facile de distinguer l'heure, l'écartement entre les chiffres demeurait assez restreint pour qu'avec une seule aiguille on éprouvât, à première vue et à quelque distance, une réelle difficulté à distinguer la demie et les quarts; car pour les minutes il n'en pouvait être question[2]. C'est alors qu'un horloger illustre, G. Martinot, eut l'idée de distribuer les chiffres des heures sur deux cercles concentriques, de façon à laisser entre eux un espace plus grand, et permettant par con-

---

1. En Italie, la division des cadrans en 24 parties persista jusqu'au milieu du siècle dernier, et c'est seulement en 1755 que dans l'État de Parme on commença de faire usage de cadrans divisés en 12 heures (Voir *Annonces, Affiches et Avis divers* du 19 février 1755). L'exemple des Parmesans fut peu à peu suivi par le reste de la péninsule.

2. C'est cette difficulté de connaître les fractions de l'heure, nous l'avons vu au chapitre V (première partie), qui fit persister l'usage des sabliers longtemps après l'invention des horloges mécaniques.

séquent de rendre les divisions horaires plus visibles. Cette innovation assurément ingénieuse (voir fig. 46) n'eut pas toutefois le temps de prendre pied dans l'horlogerie monumentale. L'adaptation de la grande aiguille indépendante marquant les minutes, vint rendre ces palliatifs inutiles.

Aujourd'hui, avec les deux aiguilles évoluant séparément et la division du cercle des heures en 12 fractions, et celle

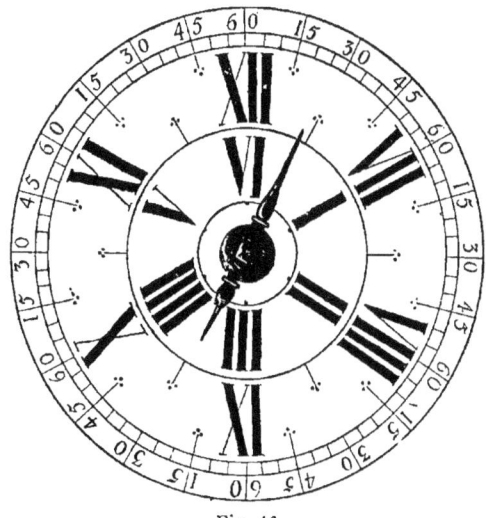

Fig. 46.

du cercle des minutes en 60 parties, il semble qu'il soit devenu très facile de construire des cadrans présentant des indications bien lisibles. Malgré cela, l'expérience a établi certaines règles, auxquelles les horlogers prudents ont grand soin de se conformer, et dont les principes, consacrés par l'usage, les délivrent de tout tâtonnement et préviennent les erreurs qu'ils pourraient commettre.

Ces règles disent que dans un cadran dont le diamètre D (voir fig. 47) est égal à 100, la distance entre le centre du cadran et la base des heures doit être de 30; que la hauteur des chiffres figurant ces dernières (H) doit être de 14, et l'épaisseur de leurs jambages de 2, et que le diamètre des points de minute (M) doit être égal à l'épaisseur des jambages des chiffres. Quant aux aiguilles, dont la forme et la décoration peuvent varier à l'infini, elles doivent demeurer toujours très visibles, puisque c'est elles qui indiquent l'heure. Aussi leur donne-t-on généralement dans leurs parties les plus grasses une largeur double de celle des jambages des heures. Enfin, il est encore de règle, pour les horloges en plein air, de prévenir l'effet des coups de vent, en tenant les aiguilles à un centimètre l'une de l'autre et à deux centimètres en avant du cadran.

Nous venons de dire que les aiguilles comportent des formes variées. Elles peuvent même dans certains cas concourir, par leur ornementation plus ou moins gracieuse, à la décoration du cadran. Tout le monde a vu des montres et même des horloges de cabinet, dont les aiguilles découpées avec beaucoup de goût, repercées et ciselées avec soin, constituent de petites œuvres d'art.

Dans les horloges monumentales, appelées à être considérées à grande distance, ces recherches et cette finesse peuvent être regardées comme superflues. Elles ne sauraient, en effet, être perçues à longue distance. Ce serait donc là du travail et de l'argent dépensés en pure perte. Il n'en est pas de même toutefois de leur galbe général, qui doit rester gracieux et présenter, autant que possible, ce double caractère en apparence contradictoire : une certaine sveltesse s'accordant avec la course perpétuelle qu'elles sont obligées de fournir, et un corps assez robuste cependant pour que l'œil ne les perde jamais de vue et les distingue sans effort.

C'est pour cette dernière raison que, dans la construction des horloges de pure utilité, on donne aux aiguilles noires une juste préférence. Ainsi colorées, leur obscure silhouette se détache mieux sur le fond du cadran que lorsqu'elles sont dorées[1]. Les aiguilles dorées, cependant, conviennent mieux pour les horloges de luxe et de décoration ; et comme ces dernières sont généralement de taille considérable, et que leur cadran ne saurait, par conséquent, être obtenu d'un seul morceau, il arrive souvent qu'on relie les diverses pièces dont il est composé à l'aide de sertissures apparentes, également dorées, qui, combi-

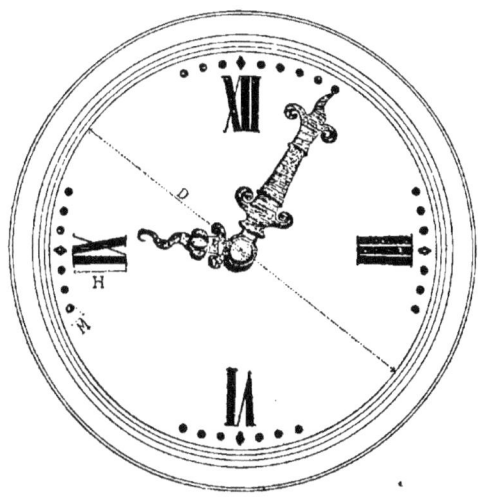

Fig. 47.

nées avec goût, deviennent à leur tour un élément de décoration, atténuant la froideur de ces grandes surfaces unies. L'horloge du Crédit lyonnais, exécutée par M. Paul Garnier, et celle du Palais de justice, œuvre de M. Lepaute, montrent l'heureux parti que l'on peut tirer de ces sertissures, auxquelles toutefois il faut se garder de donner trop d'importance, dans la crainte de provoquer des confusions qui rendraient la marche des aiguilles moins facile à saisir.

1. Nous ne parlons ici que des cadrans blancs. Il reste bien entendu que si le cadran est noir, comme, par exemple, celui dont l'horloger Borrel a décoré la façade de l'Institut, les aiguilles doivent être dorées.

Enfin, quelques horlogers, dans le but d'enlever toute monotonie à leurs cadrans, ont eu l'idée d'en varier le fond. Différents moyens ont été employés pour atteindre ce but. Les uns ont greffé douze petits écussons renfermant des heures émaillées en blanc et en noir, sur un cadran en métal doré, ainsi que cela peut se voir dans la cour du Louvre; d'autres ont simplement pris pour fond de leur cadran la pierre même de l'édifice, sur laquelle ils ont appliqué des lettres dorées, comme cela a eu lieu pour l'horloge du Ministère de la Guerre; d'autres enfin ont tenu la partie centrale du cadran d'une autre couleur que le cercle des heures. L'horloge de l'Hôtel de ville de Paris fournit un exemple de ces essais de polychromie.

Règle générale, ces innovations donnent rarement de très bons résultats. Le temps, qui patine également les métaux et la pierre, finit à la longue par rendre les aiguilles moins visibles quand elles évoluent sur un fond de pierre ou de métal. Ce même inconvénient se produit lorsque l'on teinte, même légèrement, la partie centrale du cadran. Le mieux est donc de s'en tenir au blanc.

Avant de terminer avec cette partie si importante de notre sujet, il nous reste à dire un dernier mot concernant la longueur des aiguilles. Celles-ci, on le sait, sont au nombre de deux, une grande et une petite, et leur taille doit être assez différente pour qu'elles ne puissent être confondues. Toutes deux doivent cependant être assez longues pour que leurs indications demeurent nettement visibles.

On peut atteindre ce double but, l'expérience le démontre, en donnant à la grande aiguille une taille suffisante pour que sa pointe couvre la moitié des points de minutes, alors que l'extrémité de la petite aiguille doit mordre seulement sur la base des lettres d'heures. Dans un cadran normalement construit d'après les données que nous avons indiquées plus haut, cette différence de taille se traduit par le rapport de 2 à 3, c'est-à-dire que sur un cadran dont le diamètre est de 100, et dont par conséquent la hauteur des heures est de 14 et le diamètre des points de minutes de 2, la longueur de la grande aiguille doit mesurer 45, et la petite 30 seulement.

Depuis quelques années les horlogers ont supprimé,

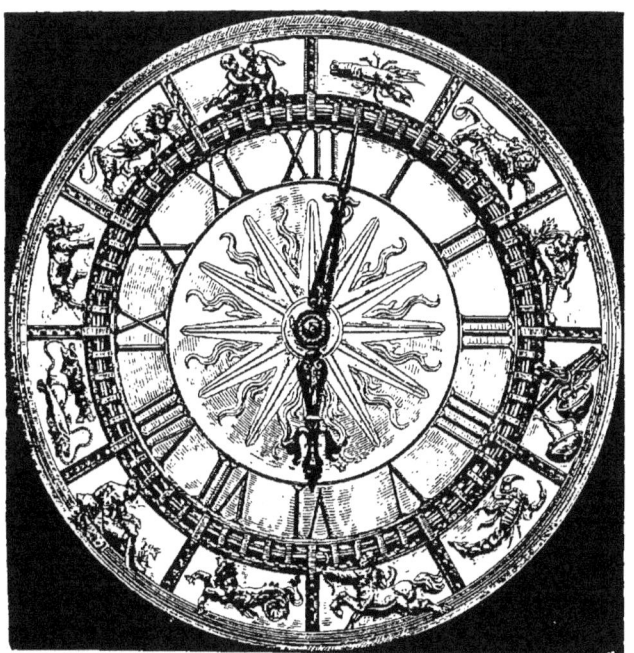

Fig. 48. — Cadran de la Cour de Cassation.

surtout dans les horloges de pure utilité, la queue ou contrepoids qui formait un prolongement aux aiguilles. Certains d'entre eux estiment que, grâce à cette suppression, les indications apparaissent d'une façon plus claire. D'autres, au contraire, et nous sommes de leur avis, pensent que ce prolongement donne plus d'aplomb, plus d'assiette à l'aiguille, et ne saurait créer aucune confusion, surtout si les contrepoids sont de taille assez réduite pour ne pouvoir être confondus avec la petite aiguille. Ce résultat s'obtient en attribuant comme longueur à chacun de ces contrepoids le tiers des dimensions de l'aiguille qu'il prolonge; c'est-à-dire que dans notre cadran normal le prolongement de la grande aiguille devra être de 15, et celui de la petite de 10. Nos deux contrepoids réduits à ces dimensions et tenus un peu plus trapus que le corps même des aiguilles pourront fournir au dessinateur un motif intéressant de décoration.

Bien d'accord sur ces divers points, il ne nous reste plus à aborder que la cinquième condition, celle relative à l'encadrement et à la décoration générale des horloges monumentales. Ce n'est pas, il est vrai, la moins importante.

Nous avons expliqué autre part[1] que « *lorsqu'un objet comporte une destination précise, lorsqu'il a été conçu et exécuté dans un but d'utilité, surtout lorsque sa principale raison d'être résulte de l'usage qu'on en fait, le désir de l'embellir ne doit jamais contrarier ce but ni déguiser cette raison d'être* ». Ce principe trouve son application dans la décoration des horloges, car il est peu de meubles dont le but soit plus nettement défini, et dont l'usage soit plus foncièrement utile. Mais le cadran, partie essentielle du meuble qui nous occupe, est, par la nécessité même de sa construction, d'une forme assez peu plastique. Le cercle horaire appartient à ces figures, dont les dimensions absolument concordantes se rachètent, et qui par conséquent ne présentent aucun caractère[2]. C'est pourquoi à maintes reprises les artistes, contrariés par cette fatale monotonie d'aspect, se sont ingéniés à modifier la courbe décrite par la ligne des heures, et ont essayé de substituer une ellipse à la circonférence. On possède un certain nombre de cadrans ovales, qui s'ils attestent l'habileté de nos mécaniciens, montrent le peu de succès de leurs tentatives. Le plus artistique peut-être

---

1. Voir la *Décoration*, prop. XIV.
2. *Ibid.*, prop. XXVIII.

de ces essais peut se voir à la bibliothèque de l'Arsenal, dans cette belle pendule, chef-d'œuvre de Julien Le Roy, que nous reproduisons (fig. 49). Le plus remarquable au point de vue mécanique appartient à l'église Saint-Jean de Lyon, dont la magnifique horloge possède, sur son côté droit, un cadran ovale présentant cette particularité que l'aiguille se raccourcissait progressivement de près de 15 centimètres, et cela deux fois par heure, de façon que sa pointe, en accomplissant son évolution, affleurait toujours la courbe décrite par les points de minutes. Ce tour de force, exécuté en 1598 par l'horloger balois Nicolas Lippius, a été recommencé en notre siècle par l'horloger parisien Wagner, mais sans que l'on ait jamais pensé qu'il pût comporter des applications vraiment pratiques. Ajoutons qu'antérieurement certains horlogers avaient escamoté la difficulté en insérant tout bonnement leur cadran circulaire dans un ovale [1].

Jusqu'à ce jour, le parti adopté par les décorateurs, qui a donné les meilleurs résultats, consiste à inscrire le cercle du cadran proprement dit dans un carré, et à transformer ensuite celui-ci, par l'adjonction d'ornements divers

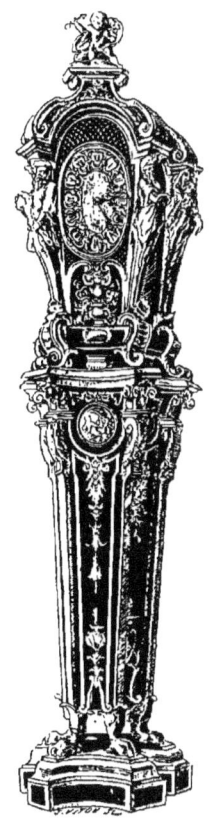

Fig. 49. — Horloge de Julien Le Roy à cadran ovale (Bibliothèque de l'Arsenal).

et plus ou moins compliqués (soubassement, colonnettes ou pilastres, entablement, fronton ou amortissement, en un

---

[1]. Voir, dans ce genre, le cadran de l'église Saint-Paul, exécuté par Roussel aux environs de 1760.

rectangle offrant les proportions que nous avons reconnues, dans le VII⁰ chapitre de notre livre sur la *Menuiserie,* comme étant les plus favorables à la distribution des décorations.

Ces proportions, qui sont dans le rapport de 2 à 3, la plus grande des deux dimensions étant réservée pour la hauteur, conviennent, en effet, parfaitement aux encadrements qui nous occupent. Le cadran du Gros Horloge de Rouen, si remarquable comme décoration, se rapproche de cette proportion. C'est elle qu'on retrouve très exactement observée dans les nombreux modèles dessinés au xvii⁰ siècle par D. Marot; et l'admirable cadran de la tour du Palais de justice de Paris, si habilement restitué par M. Duc, montre qu'on peut encore forcer ces proportions et les amener jusqu'à la relation de 1 à 2, sans que l'ensemble perde rien de sa grâce, et sans que les adjonctions prennent une importance exagérée.

Ce dernier cadran mérite d'autant plus d'être pris comme exemple, que le grand obstacle auquel viennent se heurter nos décorateurs gît, le plus souvent, dans le développement trop considérable qu'ils sont entraînés à donner à leurs ornements. Avec eux, dans bien des cas, l'accessoire devenant le principal, les attributs font oublier le cadran, bien heureux encore quand, par l'exagération de leurs saillies, ils n'en voilent pas les parties essentielles, rendant ainsi la lecture de l'heure à peu près impossible.

Telles sont les règles fondamentales que l'expérience, le bon sens, la saine observation, recommandent comme devant être fidèlement observées dans l'établissement d'horloges monumentales diurnes. Il en est encore quelques autres qui concernent les horloges nocturnes, c'est-à-dire celles qui peuvent être consultées la nuit. Nous les indiquons au chapitre suivant.

III

LES HORLOGES NOCTURNES

On désigne sous ce nom les horloges construites et disposées de façon à faire connaître l'heure pendant la nuit. Il semble que le devoir de l'horloge parfaite — il n'est question ici que des horloges monumentales et publiques — soit d'indiquer l'heure en tout temps, et à tous ceux qui ont besoin de la connaître. Les renseignements qu'on est en droit d'exiger d'elles sont même d'autant plus précieux, qu'une fois le soleil couché, les points de repère pour estimer l'heure probable nous font plus complètement défaut. Même lorsque le passant attardé, le citoyen forcé par ses occupations ou son emploi de circuler la nuit, possèdent une montre, l'obscurité relative dans laquelle on se trouve plongé ne permet pas toujours d'en faire usage. Aussi éprouvons-nous une sorte de déception lorsque, nous trouvant la nuit devant certains monuments, comme l'Institut, le Louvre, l'église Saint-Augustin, par exemple, nous cherchons vainement du regard le cadran que maintes fois nous avons consulté durant le jour, et que les ténèbres dérobent à nos yeux.

Nos pères avaient si bien compris cette nécessité, qu'ils avaient multiplié les sonneries de leurs horloges, leur faisant répéter l'heure aux quarts et aux demies. Nombre d'horloges anciennes fournissent encore de ces indications multiples[1]. Certaines églises du centre de la France, à Lyon,

---

1. Certaines horloges construites récemment comportent également de ces répétitions. Nous citerons notamment l'horloge du *Conservatoire des Arts et Métiers*, chef-d'œuvre de Detouche, qui le jour ne sonne les heures qu'une fois par 60 minutes, et la nuit les répète aux demies.

à Bourg, à Dijon, notamment, sonnent les heures deux fois de suite, et parfois sur un timbre différent. A Saint-Bénigne de Dijon, la sonnerie répète l'heure aux quarts et aux demies, en l'accompagnant chaque fois d'une ritournelle explicative. Dans le Nord, les carillons varient les mélodies qu'ils jettent au vent, suivant la division de l'heure, qu'ils redisent de quart en quart, et de cette façon la ville entière, bourgeois, servantes, artisans, initiés à ce langage aérien, sont renseignés sur la marche du temps avec une exactitude et une fidélité suffisantes. A Middelbourg en Zélande, deux carillons, celui de la Grande Église, qu'on a baptisé du nom singulier de *Lange Jan* (le grand Jean), et celui de l'Hôtel de ville, connu sous l'appellation non moins étrange de *Gekke Betje*[1] (la folle Babet), carillonnent non seulement les heures, les demies et les quarts, mais encore les demi-quarts, (sept minutes et demie), et comme, de mémoire d'homme, il a toujours existé entre ces deux horloges une différence de 2 à 3 minutes, les habitants sont, nuit et jour, bercés par une mélopée à laquelle il leur suffit de prêter l'oreille, pour toujours savoir l'heure d'une façon à peu près exacte.

Ces sonneries compliquées exigent une installation assez étendue et parfois des abris spéciaux; aussi ont-elles fourni aux architectes les motifs d'édicules élégants affectant le plus ordinairement la forme de campaniles et qui, surmontant la façade de nos monuments, dominent ceux-ci de leurs silhouettes souvent gracieuses et toujours pittoresques. La plupart de nos anciens hôtels de ville ont été ainsi gratifiés de beffrois en miniature, et l'œil s'est, avec le temps, si bien habitué à leur présence, qu'on en décore nombre d'édifices publics qui ne possèdent pas de carillons.

Ce n'est plus, en effet, par la fréquence de leurs sonneries que les horloges nocturnes renseignent le public. On a trouvé préférable de les éclairer. De cette façon elles s'a-

---

1. Voir *la Hollande pittoresque, le cœur du pays*, p. 314.

dressent non plus aux oreilles, mais aux yeux, et il suffit de voir avec quelle attention tous ceux qui passent dans leur voisinage les contemplent et les interrogent, pour se persuader qu'elles répondent à une véritable nécessité sociale.

L'utilité des horloges lumineuses n'étant pas discutable, il importe d'étudier à quelles conditions doivent répondre ces appareils, pour donner satisfaction à un besoin à la fois si naturel et si général, et quels moyens l'horloger possède pour remplir ces conditions.

Le premier devoir pour les cadrans lumineux — comme du reste pour les cadrans diurnes — c'est d'être facilement visibles. Il ne faut pas que, voulant les consulter, on éprouve de l'hésitation et qu'on soit obligé de les chercher du regard. Il est donc indispensable que ces cadrans soient d'une dimension suffisante. Nous avons, au précédent chapitre, indiqué certaines proportions à établir entre la taille du cadran, la hauteur à laquelle il est placé et le recul que l'on doit prendre pour le contempler. Ces proportions conviennent aussi bien aux horloges nocturnes qu'aux horloges ordinaires.

La seconde condition à exiger, c'est que le cadran soit assez fortement éclairé pour que ses indications demeurent clairement lisibles. Ce bon éclairage a, de tout temps, préoccupé les horlogers, les mécaniciens et les architectes. On l'obtient de deux façons différentes : soit par la projection d'une lumière plus ou moins intense, placée extérieurement et venant concentrer ses rayons sur un cadran opaque, soit à l'aide d'un foyer lumineux intérieur, éclairant par transparence un cadran translucide.

Le premier de ces deux modes est de beaucoup le plus ancien. L'idée d'éclairer un cadran par un luminaire placé en avant remonte au moins au XVIe siècle. Un curieux manuscrit de la Bibliothèque royale de Belgique nous apprend que le roi Philippe II possédait une petite horloge qui la nuit était éclairée de la sorte. Depuis quelques années toutefois, cette disposition est à peu près abandonnée, à cause des inconvénients qu'elle présente. Tout d'abord le bon placement de la lumière extérieure offre de grandes difficultés. Pour que son effet soit suffisamment précis, il faut que le foyer se trouve à une certaine distance de la façade, en sorte que, durant tout le jour, cette lanterne suspendue en avant de l'horloge produit, au point de vue décoratif, une assez fâcheuse impression. En outre, lorsque le temps est mauvais, on éprouve de réelles difficultés pour nettoyer les glaces, entretenir le réflecteur en bon état, et le soir, pour allumer les becs de lumière. Enfin, quelque précaution qu'on prenne, il est bien rare que la projection lumineuse puisse être assez exactement calculée pour que le cadran reçoive seul les rayons concentrés par le réflecteur. Ceux-ci généralement s'égarent sur la périphérie. Or tout éclairage qui vient frapper les parties voisines du cadran rend la lecture des indications horaires moins facile.

Ces inconvénients ont été sans doute constatés dès le premier jour par ceux qui étaient chargés de résoudre ces délicats problèmes ; mais comme, jusqu'au commencement de ce siècle, la cristallerie, encore imparfaite, n'avait pu fournir à l'horloger les grandes surfaces translucides qui lui sont indispensables pour établir la seconde sorte de cadrans, on dut s'en tenir aux foyers extérieurs, et, à notre connaissance, la seule tentative d'éclairage interne que l'on puisse porter à l'actif du siècle dernier, est celle qu'essaya l'horloger Roussel à l'église Saint-Paul.

Ne pouvant, et pour cause, donner à son grand cadran la translucidité nécessaire, il imagina d'établir au-dessus de la porte même de l'église un *cadran à guichet* qui, au moyen d'un décrochement à sautoir, faisait passer successivement devant une petite ouverture carrée les chiffres des heures et ceux des minutes. Cette curieuse innovation fit, en son temps, le plus grand honneur à son inventeur. Démoli, brisé à l'époque de la Révolution, le guichet horaire de Saint-Paul fut restauré aux environs de 1825 par Lory, en sorte que de nos jours cette belle église possède, outre son cadran ordinaire, une horloge nocturne d'une structure passablement étrange et probablement unique.

La tentative de Roussel, en effet, ne trouva pas d'imitateurs, à Paris du moins, et cela se comprend. Le premier devoir d'une horloge publique (nous l'avons dit et répété) est d'appeler le regard. Or, sur cent personnes passant et repassant journellement devant Saint-Paul, il n'en est pas dix, pas cinq peut-être, qui aient jamais remarqué le guichet dont la porte est surmontée, et bien peu d'habitants, même dans le quartier, savent qu'ils peuvent voir la nuit — tant ces indications sont discrètes — l'heure sur la façade sombre de l'austère monument.

Aujourd'hui que la cristallerie met à la disposition des horlogers des surfaces de glace polie ou dépolie aussi vastes qu'on les peut souhaiter, on n'a plus besoin de recourir à ces complications mécaniques, et l'on obtient à moins de frais un résultat beaucoup plus satisfaisant en employant de grands cadrans translucides.

Ces cadrans sont le plus ordinairement formés d'un seul morceau de glace; mais ils peuvent également se composer, comme le cadran du Palais de justice de Paris ou comme ceux de l'Hôtel de ville ou du Crédit lyonnais, d'un nombre plus ou moins considérable de fragments réunis et sertis dans une armature de métal. Cette armature, toutefois, doit demeurer des plus ténues, surtout dans la partie centrale du cadran, afin que ses nervures ne puissent jamais être confondues avec les aiguilles.

Le cristal dont sont faits ces cadrans est généralement coloré dans la pâte, de façon à présenter, étant vu du dehors, une surface d'un beau blanc laiteux. Parfois il est simplement dépoli. Les chiffres d'heures et les points de minutes peuvent être peints ou émaillés en noir sur la face extérieure du cadran. Ils peuvent être également peints en or ou découpés en métal doré et rapportés après coup. Dans ces divers cas, lorsque le cadran est éclairé, points, chiffres, aiguilles, se détachent en brun sur le fond du cadran. Mais aiguilles, chiffres noirs se dessinent toujours avec une netteté, une fermeté de contours plus grandes; et cela s'explique. La lumière frisante, produisant des reflets sur le bord extérieur des aiguilles et des chiffres dorés, diminue d'autant l'épaisseur des uns et des autres. Cet inconvénient n'existe pas avec les aiguilles et les chiffres noirs ; aussi ces derniers sont-ils seuls usités dans les horloges de pure utilité.

Enfin l'éclairage des cadrans blancs translucides réclame certaines précautions dont constructeurs, horlogers, mécaniciens, architectes, sont obligés de tenir compte. Ainsi il est indispensable que le foyer lumineux éclairant le disque horaire soit assez intense pour que ce disque se dessine avec tout l'éclat et toute la netteté désirables; mais il faut se garder de lui donner une puissance éclairante trop considérable, parce que, dans ce cas, il se produirait un phénomène d'irradiation analogue à ceux dont nous parlons dans notre manuel de la *Décoration*[1]. Les rayons ont, en effet, une tendance à déborder sur les aiguilles et sur les chiffres sombres, et avec un éclairage trop fort ceux-ci deviendraient moins faciles à distinguer.

Enfin, le foyer lumineux doit être disposé au-dessous de la ligne idéale formée par le rayon visuel, c'est-à-dire de telle façon qu'il éclaire le disque horaire sans qu'on puisse l'apercevoir du dehors, sans quoi le cadran se trouverait transformé en lanterne.

De ces premiers appareils comportant tous un disque assez vivement éclairé, sur lequel les indications horaires,

1. Voir proposition LXVI.

aiguilles, chiffres, points, etc., se détachent en noir ou en brun intense, il convient de rapprocher ceux, beaucoup plus remarquables à notre avis, qui, également éclairés de l'intérieur, présentent des aiguilles et des chiffres lumineux s'enlevant sur un disque noir. Ces cadrans trop rarement usités, et dont on peut voir cependant des spécimens au

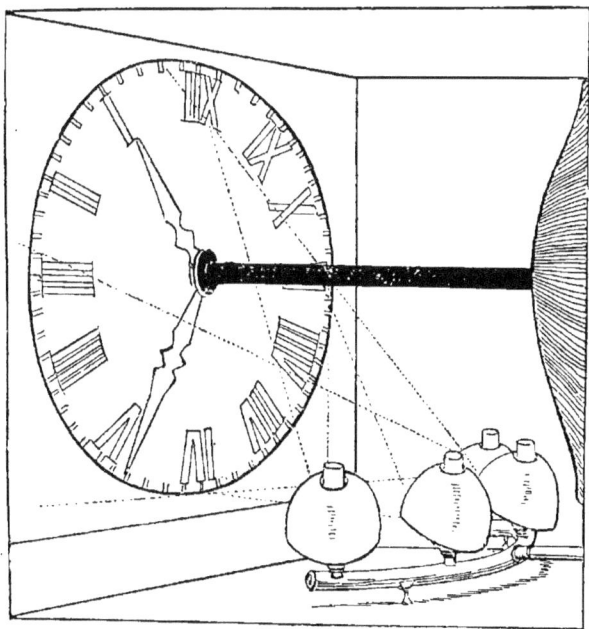

Fig. 50. — Horloge à cadran transparent
(système Dorey).

musée du Havre et à la gare Saint-Lazare à Paris [1], produisent une impression d'autant plus surprenante, qu'à moins d'en connaître la structure, il est à peu près impossible de s'expliquer la façon dont ils sont éclairés et le mécanisme qui fait mouvoir leurs aiguilles lumineuses.

Rien, cependant, n'est à la fois plus ingénieux et plus

1. Au pavillon intérieur situé dans la rue de Rome.

simple, et cette ingéniosité, aussi bien du reste que cette extrême simplicité, font le plus grand honneur à M. Dorey, ancien receveur municipal au Havre, qui fut l'inventeur de ces curieuses horloges.

Ce beau cadran noir sur lequel évoluent les aiguilles est formé, on ne s'en douterait guère, par un disque de glace ordinaire, parfaitement translucide et soigneusement polie. Seulement la chambre placée derrière ce disque, — et dans laquelle se trouvent enfermés les foyers lumineux, le mécanisme de l'horloge et la transmission, — cette chambre est entièrement tendue de drap noir; de façon que c'est ce drap, aperçu à travers le cadran, qui fournit le champ noir sur lequel se détachent les lettres et les aiguilles. Ajoutons que ces dernières sont en verre dépoli. Le jour, ce verre dépoli, arrêtant la clarté du soleil qui le frappe du dehors, se teint en un blanc qui paraît d'autant plus éclatant qu'un fond noir lui sert de repoussoir. La nuit, chiffres et aiguilles, éclairés de l'intérieur par quatre becs de gaz dont la lumière traverse le disque sans laisser de trace, se colorent en un jaune brillant, dont l'intensité lumineuse est également augmentée par le fond noir sur lequel elles se détachent (voir fig. 50).

L'établissement de ces appareils — théoriquement très simples — réclame, hâtons-nous de le dire, de grandes précautions et un entretien constant. Non seulement la tige de transmission, qui fait marcher l'aiguille des heures et la minuterie, doit être soigneusement enveloppée d'un manchon de drap noir, mais ce manchon lui-même doit être muni, de distance en distance, de petits disques empêchant que la lumière intérieure ne lui imprime quelque reflet qui pourrait être aperçu du dehors.

Il importe, en outre, que cette lumière soit beaucoup plus intense que pour un cadran blanc, et qu'elle soit disposée de façon que la tige de transmission ne projette pas d'ombre portée sur le cadran. Pour cela, quatre foyers lumineux armés de réflecteurs sont nécessaires, et il les faut disposer de telle sorte que chacun d'eux éclaire spécialement un quart du disque lumineux et que leurs feux se croisent. Ces foyers doivent, de plus, être soigneusement dissimulés; car si on les distinguait de l'extérieur, toute cette petite fantasmagorie prendrait fin instantanément. Enfin il faut avoir grand soin de tenir la glace transparente extrêmement propre, car la moindre couche de poussière, une buée même un peu épaisse, formeraient écran et, en arrêtant la lumière, transformeraient le fond noir en un fond d'un gris sale.

Tels sont les principaux genres d'horloges nocturnes actuellement en usage.

Nous n'avons parlé ici que de celles de ces horloges qui sont à la fois publiques et monumentales; pour les horloges intérieures, nous avons été amenés à en dire quelques mots dans notre vi^e chapitre (voir pages 61 et suiv.). Nous prions le lecteur de vouloir bien se reporter au passage qui les concerne.

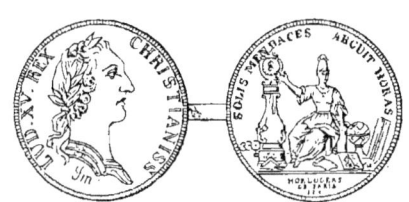

Fig. 51. — Jeton de la corporation des horlogers.
(xviiie siècle).

IV

LES HORLOGES D'APPARTEMENT A POIDS
ET LES HORLOGES DE TABLE

Conçues dans le même esprit et exécutées par les mêmes artisans que les horloges monumentales, les premières horloges d'appartement furent gratifiées de poids moteurs, et cette particularité de construction décida de suite de la place qui leur fut affectée, et par contre-coup de leur forme extérieure et de leur aspect. Pour fonctionner convenablement, il fallait qu'elles fussent suspendues à une certaine hauteur, de façon que les poids et contrepoids pussent monter et descendre sans difficulté. On prit donc le parti de les accrocher à une certaine élévation, et comme elles se trouvaient ainsi à une distance relativement considérable du regard, on fut obligé, pour que leurs indications demeurassent bien visibles, de donner au cadran une importance capitale.

Derrière ce cadran on disposait tout naturellement le mécanisme de l'horloge, et comme ce mécanisme, dans sa nouveauté, constituait une sorte de curiosité, on le laissait à découvert de façon que sur les côtés la merveilleuse machine pût être vue. Telle apparaît encore à nos yeux l'horloge du xve siècle que possède la Bibliothèque nationale. Telles devaient être l'horloge en argent « tout entièrement sans fer » du roi Philippe le Bel, et celle que mentionne l'*Inventaire de Charles V*, également « d'argent blanc qui se mettoit sur un pillier »; ainsi que l'horloge d'or « garny de plusieurs personnaiges » qui figurait en 1470 dans le trésor des ducs de Bourgogne. Telles sont aussi les deux horloges datant de la fin du xve siècle que nous reproduisons ici (fig. 53 et 54.)

L'HORLOGERIE 123

Lorsque l'étonnement et l'admiration que causait le mécanisme de ces appareils encore bien imparfaits se furent un peu calmés, on s'avisa que de laisser les rouages à l'air, c'était les exposer à l'humidité, à la poussière, c'est-à-dire à des détériorations fatales; alors on commença de les abriter dans un petit coffre cubique généralement en bois, muni de portes latérales, et dont la façade carrée reçut le cadran, qui continua d'être de dimensions relativement importantes. Une horloge à poids empruntée à un tableau du Musée de Bruxelles, et reproduite dans le *Dictionnaire de l'Ameublement*[1], nous donne la date de cette transformation. Puis, comme la plupart de ces appareils étaient à sonnerie[2], pour protéger les timbres, on surmonta le coffre d'une sorte de petit dôme. Ce petit dôme appela naturellement un entablement pour l'asseoir, des colonnettes pour soutenir l'entablement, une base plus ou moins ornée pour supporter les colonnettes, et c'est ainsi que progressivement le coffre renfermant le mécanisme prit l'aspect d'un petit

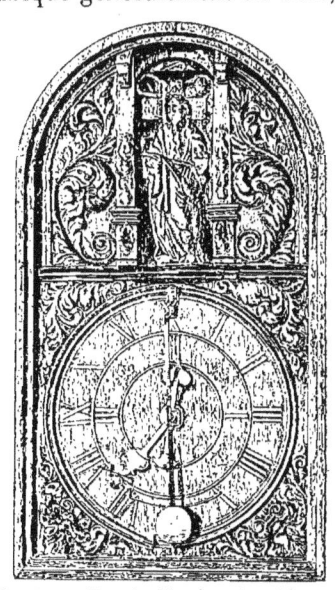

Fig. 52. — Façade d'horloge à poids en bois sculpté, peint et doré. (XVIIe siècle.)

1. Voir t. II, fig. 896.
2. Ces premières sonneries n'étaient pas mues par un mécanisme intérieur. Elles étaient indépendantes et simplement munies d'un petit cordon de tirage qui permettait de sonner les heures à la main. Cette disposition rudimentaire apparait avec sa naïve simplicité non seulement dans l'horloge que reproduit le *Dictionnaire de l'ameublement*, d'après le tableau du musée de Bruxelles, mais encore dans celle que tient la gracieuse allégorie empruntée aux emblèmes de Jean Cousin. (Voir fig. 3.)

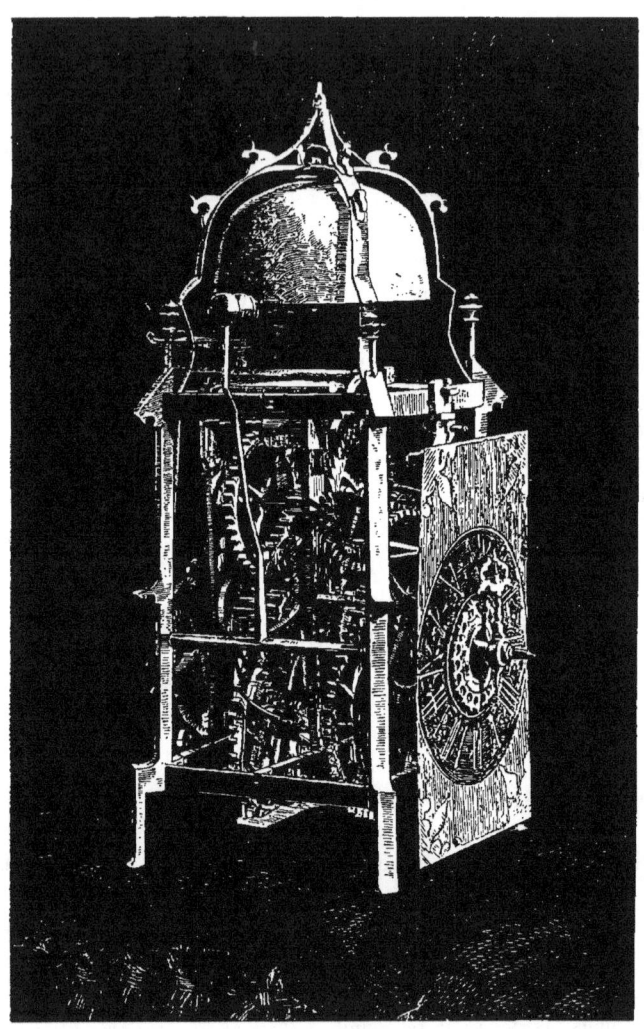

Fig. 53. — Petite horloge à ressort moteur, à mécanisme apparent.
(XVe siècle.)

édicule plus ou moins correctement architecturé, dont les lignes, étudiées parfois avec recherche, enlevaient à la figure circulaire du cadran et au carré dans lequel le cercle horaire se trouve inscrit, la monotonie engendrée par leur régularité trop parfaite.

Constatons, au surplus, que, depuis lors, ce type primitif n'a pas cessé d'être reproduit. Les coucous, objet d'un commerce encore très important, et certaines petites horloges connues dans le monde de la curiosité sous le nom d'*horloges frisonnes*, le prouvent. Les quelques adjonctions que ces modèles d'une vente courante ont pu subir en trois ou quatre siècles n'ont pas sensiblement modifié leur caractère fondamental. Certaines de ces adjonctions, toutefois, ne laissèrent pas que d'être importantes. Celle du support est de ce nombre. Au lieu d'accrocher directement l'horloge à la muraille, on la posa sur une sorte de

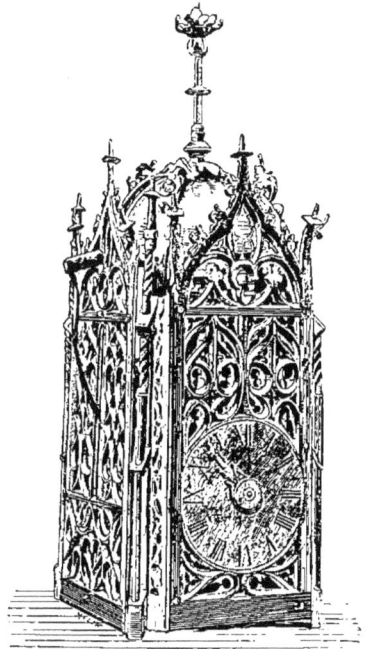

Fig. 54. — Petite horloge à ressort moteur en fer ciselé.
(Figure tirée de la *Serrurerie*.)

console dont la tablette percée de deux trous livrait passage aux cordons des poids, et permettait à ceux-ci de se mouvoir avec toute la liberté désirable. Puis on eut plus tard l'idée de protéger ces derniers. On les enferma dans une longue gaine descendant jusqu'au sol ; et, particularité curieuse qui montre combien les formes, une fois adoptées, persistent alors même qu'elles n'ont plus de raison d'être, cette disposition si caractéristique continua d'être usitée même lorsque les poids eurent depuis longtemps cessé d'être employés comme appareils moteurs.

Dès la fin du xve siècle, en effet, une grande révolution s'était produite dans la construction des horloges. Nous avons parlé dans un précédent chapitre de Huygens et de la merveilleuse adaptation du pendule à l'horlogerie. Plus de deux cents ans avant que le savant hollandais n'eût fixé les lois de cet appareil régulateur, un mécanicien de premier mérite, dont le nom, malheureusement, n'est pas parvenu jusqu'à nous, avait réalisé dans la construction des horloges une réforme non moins féconde, et qui devait exercer une influence décisive sur la marche de l'art qui nous occupe. L'invention du ressort moteur, lame d'acier très mince, qui, s'enroulant en spirale sur elle-même dans une sorte de petit barillet, produit, en se détendant, un effet analogue à celui des poids sur les rouages, amena une transformation radicale dans le mécanisme de l'horlogerie.

A quel moment exact cet important progrès fut-il réalisé ? M. Paul Garnier, dans son savant *Rapport* sur l'Exposition de 1889, indique approximativement l'année 1500. D'autres font remonter cette découverte au règne de Charles VII. C'est vraisemblablement entre ces deux dates extrêmes qu'il faut placer l'apparition de cette innovation. Notre figure 55, qui reproduit une petite horloge suspendue remontant à la fin du xve siècle, et qui est copiée d'un tableau de Jean Gossaert, considéré comme une des perles du musée de Bruxelles ; la jolie horloge en fer forgé et ciselé que nous empruntons à notre volume de la *Serrurerie* (Voir fig. 54) et qui est antérieure d'une trentaine d'années ; celle également tout en fer qui date du même temps et qu'on peut voir au musée de Bourges, montrent à quelle perfection de forme, à quelle élégance de décoration, dès 1450, les artisans étaient parvenus dans la confection des horloges à ressort moteur. Mais ces jolies pièces peuvent être considérées comme exceptionnelles, et il ne paraît pas que tout

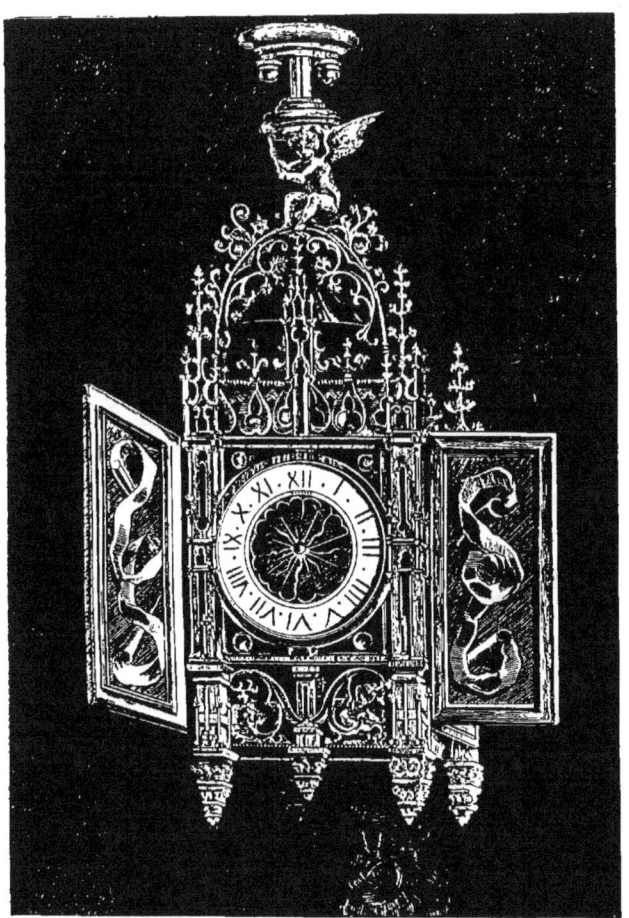

Fig. 55. — Petite horloge en laiton à ressort moteur, d'après un tableau de Jean Gossaert, dit de Mabuse. (MUSÉE DE BRUXELLES.)

d'abord cette précieuse innovation ait été appliquée d'une façon générale aux grandes horloges d'appartement. On la réserva plus particulièrement pour les horloges de table, meubles plus délicats, d'un volume très réduit, et dont on exécuta alors une infinité de modèles charmants.

C'est à ce genre de petits meubles qu'appartenait l'horloge « en façon de pomme ronde » que le roi René paya

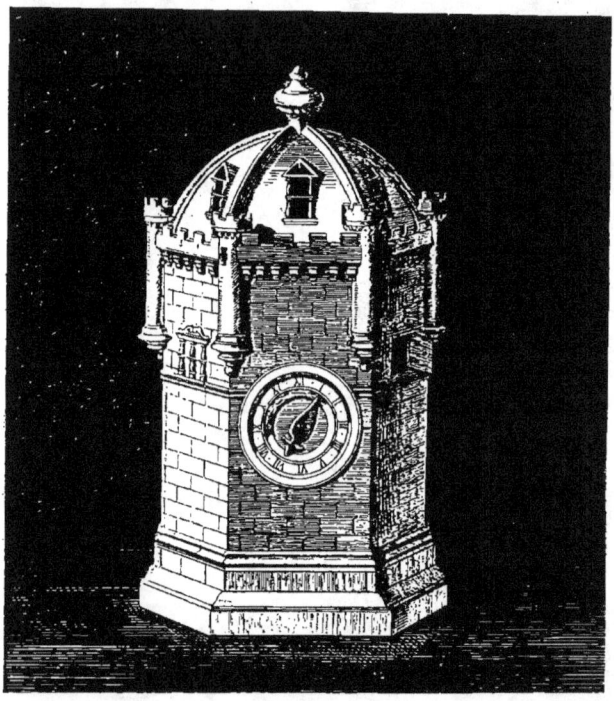

Fig. 56. — Petite horloge de table, en forme de tour fortifiée.
(Fin du xve siècle.)

50 florins à Guilhem de Carpentras, ainsi que celle achetée par Louis XI en 1481 à l'orlogeur Jehan de Paris et que le roi emportait avec lui dans ses déplacements. Louis XI possédait, du reste, un certain nombre de ces petits appareils horaires, car l'on raconte qu'un jour un gentilhomme ruiné par le jeu pénétra dans sa chambre, déroba une de

ces menues horloges, la cacha dans sa manche et fut trahi par la sonnerie. L'objet de ce larcin devait être un meuble de prix, sans quoi on ne l'eût point dérobé. Or, nous savons que l'horloge acquise de Jehan de Paris ne coûtait que 16 livres 10 sols. Elle était par conséquent assez ordinaire.

Au XVIe siècle, les horloges de table se firent relative-

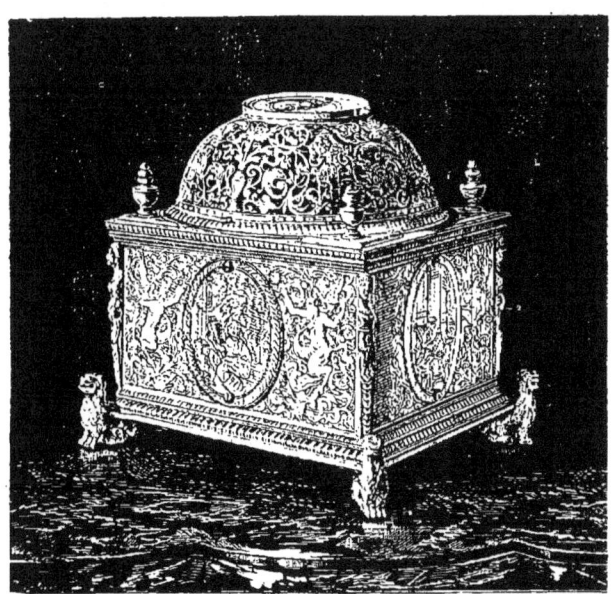

Fig. 57. — Petite horloge de table, à cadran horizontal, en cuivre ciselé et doré. (XVIe siècle.)

ment assez nombreuses. Mais exécutées avec une délicatesse, une recherche et un art exceptionnels, elles continuèrent d'être regardées comme des objets particulièrement précieux. Une preuve de l'importance qu'on attachait à leur possession nous est fournie par ce fait qu'on les donnait alors en cadeaux diplomatiques. C'est ainsi qu'une lettre de l'ambassadeur d'Espagne, adressée à l'Empereur, porte qu'à l'occasion du baptême de François II (1545), le « com-

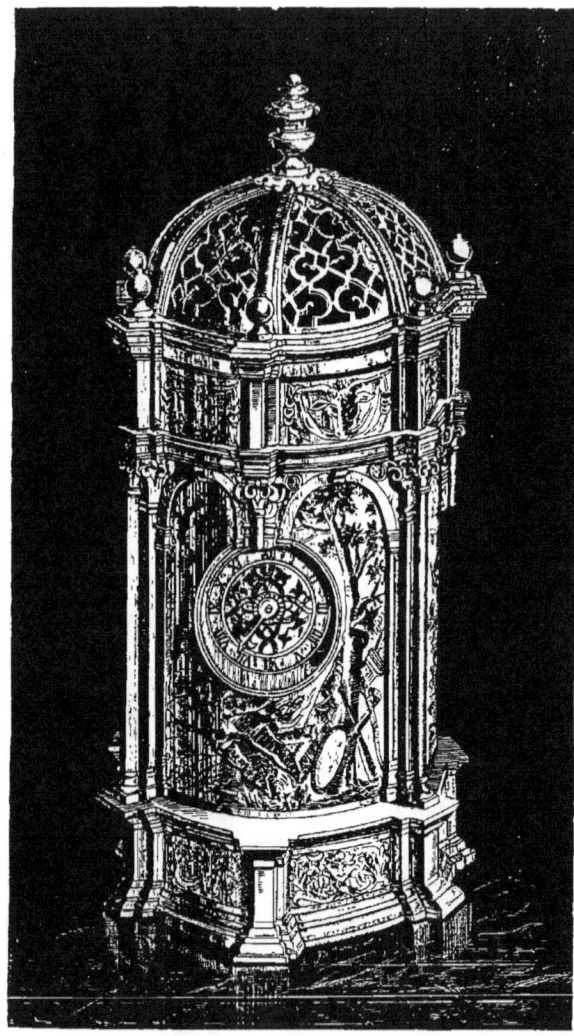

Fig. 58. — Horloge de table à cadrans verticaux, en cuivre ciselé et doré.
(XVIe siècle.)

mis d'Angleterre » présenta à la Dauphine Marie de Médicis « ung horloge avec la couverte de cristal » qui fut admirée de toute la Cour.

De ce joyau qui nous a été heureusement conservé, il convient de rapprocher « les deux monstres d'horloges sans contrepoix » que François Ier acheta en 1528 à Jullien Couldroy, son « orlogeur » en titre[1]; l'horloge de Jeanne d'Albret, qui était couverte de « petittes platines de cuyvre par les trois coustés, faictes à jour, avecq ung pied aussi de cuyvre et une petite clochette[2] »; celle en piramide assise sur ung rocher garny d'argent doré, esmaillé et enrichy de plusieurs pierres » que François II possédait à Fontainebleau[3]; la curieuse horloge à pied de Philippe II, que nous reproduisons ici, d'après un manuscrit de la Bibliothèque royale de Bruxelles; la « monstre d'horloge » toute ronde que Henri III commanda à Gilbert Martinot pour être placée dans sa chambre, et celle à pilastres dont il fit présent au bâtard d'Orléans[4]; et enfin l'« orloge doré... faict à pantz où il y a troys monstres avec son estuy » qui figure dans le *Procès-verbal de la remise au duc d'Épernon des effets du comte de Foix Candalle* (1598).

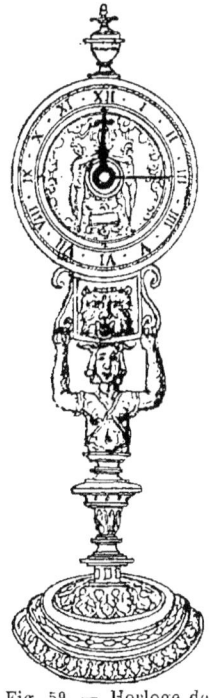

Fig. 59. — Horloge de table du roi Philippe II d'Espagne, d'après un ms. de la Bibliothèque royale de Bruxelles.

Ce terme alors nouveau, « montre d'horloge », que nous

---

1. Voir *Acquits au Comptant de François Ier* dans les *Comptes des Bastimens* publiés par M. de Laborde.
2. *Inventaire du château de Nérac*, 1555.
3. *Inventaire du château de Fontainebleau*, 1560.
4. *Comptes des dépenses de Henri III*.

relevons dans plusieurs de ces documents, fut donné tout d'abord aux cadrans, souvent multiples, qui ornaient ces petits joyaux, parce que ces cadrans *montraient* l'heure. Puis par une de ces synecdoques dont on rencontre un grand nombre d'exemples dans l'histoire du mobilier, le nom de montre passa à l'horloge elle-même, et finit par s'appliquer spécialement aux petits appareils de poche qui devaient, au XVIIe siècle, se substituer à ces délicieuses horloges de table dont la Renaissance nous a laissé tant de spécimens charmants.

Avant de disparaître de nos habitations, ces jolis bijoux, vraies pièces d'orfèvrerie, avaient toutefois revêtu les formes les plus diverses et les plus gracieuses : tantôt affectant l'aspect d'édicules ornés de colonnes ou de pilastres et le plus souvent se terminant en dôme, elles *montraient* leurs cadrans disposés verticalement sur leurs faces latérales ; tantôt couronnées à leur sommet par une terrasse plate, elles offraient aux regards un cadran horizontal ; enfin, on en faisait également qui, montées sur un pied, rappelaient la forme qu'on donnait alors aux miroirs de toilette (voir fig. 60). Mais en tous cas ces jolis meubles étaient architecturés avec une science, un soin, et décorés avec une finesse et une élégance qui prouvent la participation d'artistes de premier mérite dans la composition de leur enveloppe et dans leur exécution.

Bases, entablements, arcades cintrées, petits frontons, tympans meublés de figurines, frises en bas-relief, cariatides, statuettes d'amortissement, lions héraldiques ou dauphins servant de supports, plaques ajourées, cartouches armoriés, chiffres, guirlandes et couronnes, sont distribués dans une proportion si juste et avec un art si parfait, que ces spécimens agrandis pourraient, encore aujourd'hui, fournir à nos horlogers des motifs de pendules d'une richesse et d'une grâce incomparables, et très supérieurs, au point de vue artistique, aux exemplaires qu'on trouve généralement dans le commerce.

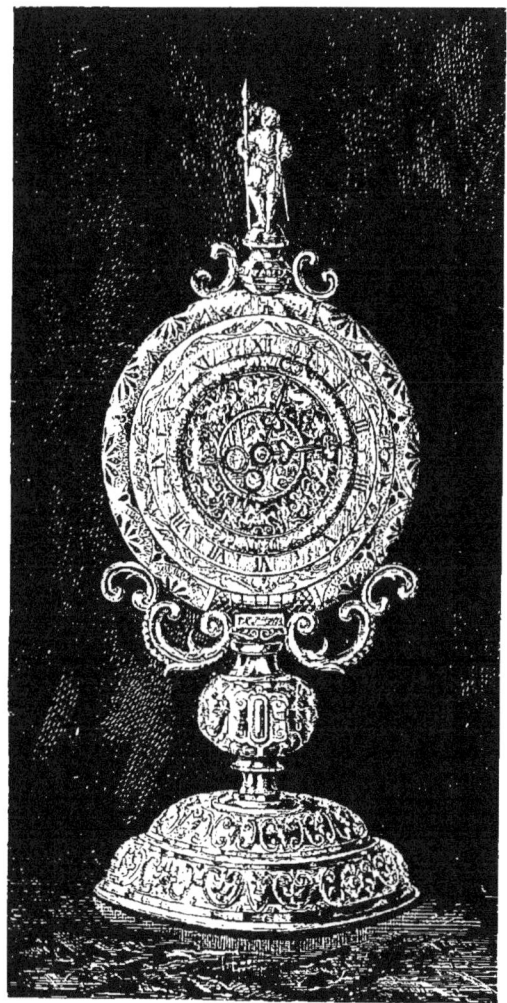

Fig. 69. — Horloge de table, montée sur pied ajouré, en bronze ciselé et doré.
(XVIᵉ siècle.)

Enfin, comme la gaieté en France n'abdique jamais complètement ses droits, quelques-uns de ces joyaux constituaient de véritables petits automates, mêlant la drôlerie de combinaisons enfantines, à ce que l'art décoratif peut produire de plus distingué. Cet ensemble de qualités qu'on trouve si rarement réunies, nous a incité à reproduire dans ce livre un nombre relativement considérable de ces gracieux ouvrages. Nous ne pouvions mieux faire, en effet, que de placer sous les yeux du public spécial auquel notre étude est destinée, les divers types de cette horlogerie dont les œuvres si délicates peuvent encore être considérées comme de parfaits modèles.

Ce fut l'abondance des montres, nous venons de le dire, qui précipita la disparition de ces charmants objets. A quoi bon se charger en voyage d'une horloge qu'on était obligé de loger dans un étui (voir fig. 63, 64), quand on pouvait porter en son gousset un appareil qui donnait l'heure d'une façon plus exacte?

Dès le milieu du XVIe siècle, au surplus, on avait exécuté de ces petites horloges en manière de boîtes rondes (voir fig. 65) dont la forme laissait prévoir l'évolution à la veille de se produire. Au siècle suivant, les montres, devenues un objet de parure, portées avec ostentation à la ceinture, firent passer d'autant plus rapidement la mode des horloges de table, que de l'absence de ces dernières naissait la présomption qu'on portait sur soi un de ces bijoux si fêtés. Elles continuèrent, cependant, de figurer sur quelques bureaux. La Grande Mademoiselle, en ses *Mémoires*[1], raconte qu'à l'entrevue de l'île des Faisans, « il y avoit deux horloges sur chaque table ». L'*Inventaire des meubles de la couronne* dressé le 20 mars 1684 décrit « un horloge à poser sur table dans une boëte d'or à huit pans, en forme de dôme, au haut duquel est le cadran entouré de rubis et de diamans,

---

1. T. III, p. 449.

haulte de 6 pouces 2 lignes, sur 4 pouces 2 lignes de diamètre ». Enfin dans l'*Inventaire de Henry de Béthune, archevêque de Bordeaux* (1680), il est fait mention d'une horloge

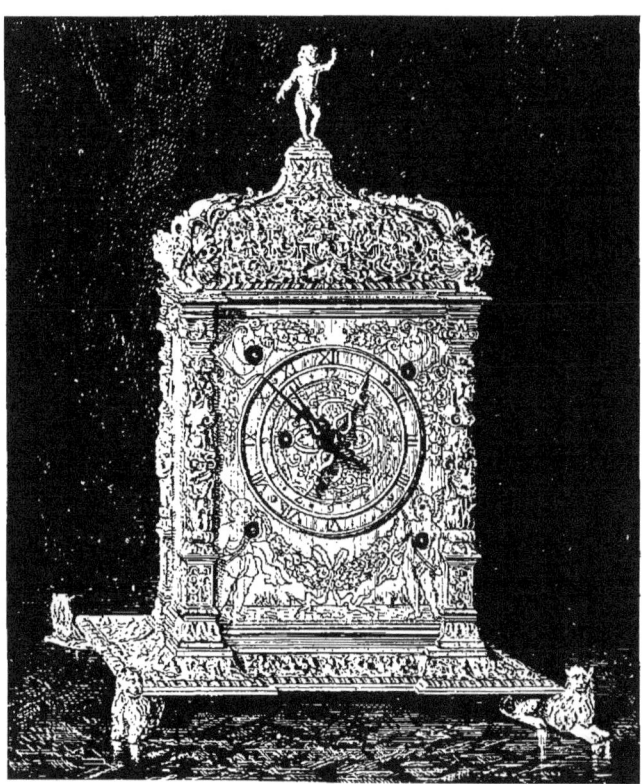

Fig. 61. — Horloge de table en bronze ciselé et doré.
(XVIᵉ siècle.)

de table « à boyte d'argent avec son estuy de chagrin noir garny d'argent ». Mais ces petits meubles peuvent être déjà considérés comme exceptionnels.

A partir de 1640, presque toutes les horloges de table ou de bureau que les grands artistes de ce temps, les Mar-

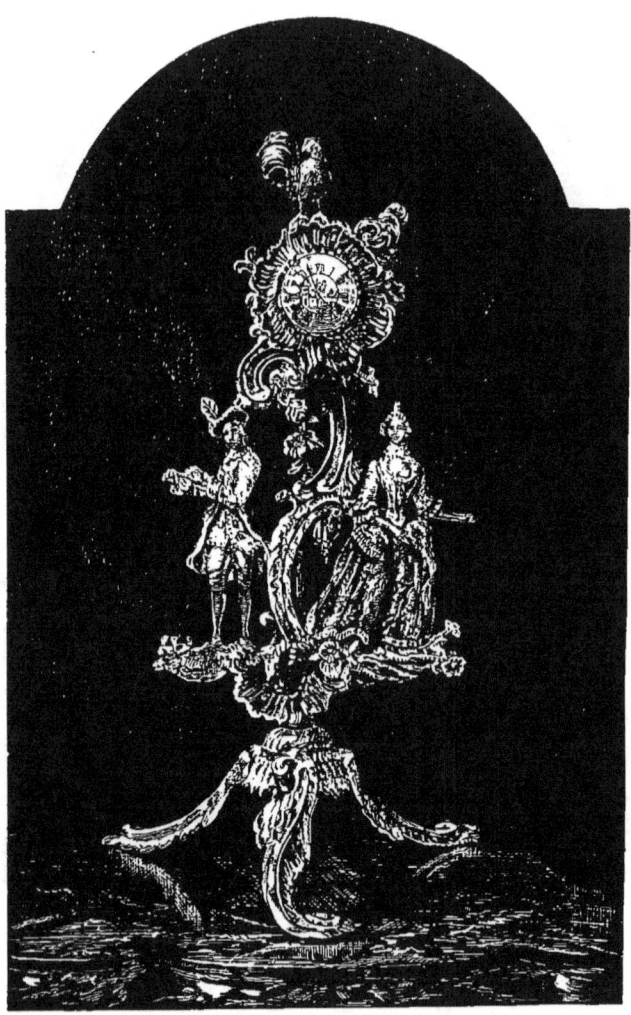

Fig. 62. — Porte-montre en bronze ciselé.
(XVIIIe siècle.)

tinot, les Thuret, fabriquèrent pour leur riche clientèle, furent exécutées en vue de la destination précise qui leur était assignée, c'est-à-dire qu'elles firent partie du meuble même, qu'elles avaient pour mission de compléter. Comme exemples on peut citer l'horloge qui surmonte le bureau dit du duc de Créquy, conservé au musée de Cluny ; celle qui accompagne le beau cabinet du musée de Dijon, ou encore celle qu'on a enchâssée dans le merveilleux bureau

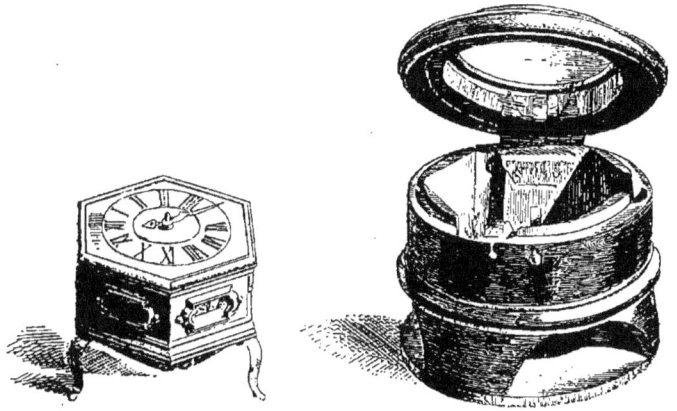

Fig. 63 et 64. — Petite horloge de table avec son étui de voyage.
(Fin du XVIe siècle.)

de Louis XV, qu'on voit au Louvre, chef-d'œuvre de Duplessis et d'Oeben. Pour les simples particuliers, ils se contentaient le plus souvent, quand ils voulaient, écrivant ou travaillant, avoir l'heure constamment sous les yeux, d'accrocher leurs montres à l'anneau d'un porte-montre.

Ajoutons que l'art, en ces heureuses époques, ennoblissait les plus modestes ouvrages. Aussi rencontre-t-on au XVIIe et au XVIIIe siècle des porte-montres fort gracieux, d'un dessin curieux, d'une structure amusante, assez soignés comme exécution, et qui ont eux aussi un caractère très décoratif.

Leur mode passa toutefois, comme avait passé celle des horloges de table ; et si l'on fabrique encore quelques-unes de ces dernières, c'est sans aucunes prétentions ornementales. Leur but de pure utilité détourne les horlogers de se mettre en frais d'imagination. Leur forme se réduit désormais à celle d'un cube allongé, et leur décoration à quelques moulures.

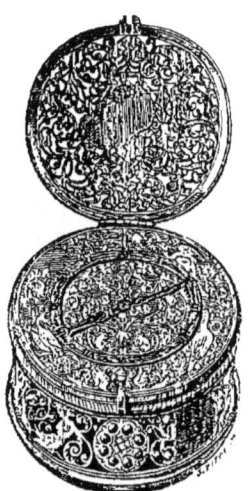

Fig. 65. — Horloge de table en forme de boîte ronde.
(XVIᵉ siècle.)

V

LES HORLOGES D'APPARTEMENT A RESSORT MOTEUR.
HORLOGES MURALES, CARTELS, HORLOGES A GAINES.

Si les horloges de table disparurent au xviie siècle, il n'en fut pas de même des grandes horloges d'appartement à ressort moteur, qui prirent, au contraire, un rapide et décisif essor. Appliquées contre la muraille, presque à la même hauteur que les horloges à poids, elles se trouvaient, elles aussi, placées assez loin du regard pour qu'on fût obligé de donner à leur cadran un développement relativement considérable; et par suite de cette importance accordée au cadran, toutes les autres parties se virent naturellement subordonnées à ce membre essentiel de l'horloge. De là dériva la structure qu'affectent les boîtes des horloges de ce temps, — structure essentiellement logique, architecturée un peu lourdement peut-être, surtout dans celles qui sont dites *à la religieuse,* mais qui conserva néanmoins, à travers les transformations imposées par la mode, son caractère normal d'enveloppe protectrice, se gardant bien, comme cela est arrivé depuis, de faire le principal de ce qui doit rester l'accessoire.

On ne se borna pas, toutefois, à concevoir avec intelligence la forme de ces boîtes, elles furent encore exécutées avec tout le luxe imaginable. Placées en belle lumière sur leurs robustes consoles en cul-de-lampe, elles devaient forcément concourir à la parure du logis; et pour leur permettre de soutenir leur rôle décoratif, on fit appel à toutes les richesses dont disposait l'ébénisterie, alors à l'apogée de sa gloire.

La marqueterie la plus brillante, les bronzes ciselés et

dorés, l'écaille, les laques orientaux, les vernis les plus délicats, furent prodigués pour leur embellissement. Aussi ces beaux meubles, qui, pendant plus d'un siècle, jouirent d'une vogue sans seconde, comptent-ils encore, à l'heure actuelle, parmi les spécimens les plus décoratifs de notre horlogerie nationale, et leurs vaillants contours répondent si bien à leur destination, qu'on n'imagine pas qu'il soit possible de rien faire de beaucoup plus parfait en ce genre.

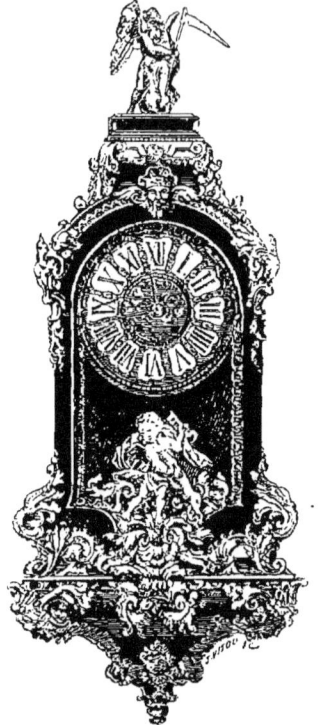

Fig. 66. — Horloge enrichie de bronzes ciselés et dorés. (XVIIe siècle.)

Ajoutons que l'uniformité du programme adopté par les artistes d'alors n'engendra pas la monotonie dans leurs productions. Il suffit, en effet, de feuilleter les précieux albums que nous ont laissés Bérain, D. Marot, Le Pautre, pour voir comment les dessinateurs savaient alors, sur un thème très borné, exécuter des variations sans nombre et souvent très heureuses. Il semble qu'en ce bel art, comme du reste dans les autres arts de l'ameublement, les difficultés toutes spéciales avec lesquelles l'intelligence et le crayon des artistes se trouvaient aux prises, aient surexcité leur verve créatrice. En dépit des lourdeurs propres au style du temps, il n'est presque pas de ces belles horloges qui ne donnent encore toute satisfaction à l'œil le plus exigeant, et qui ne méritent d'être imitées.

C'est ce qu'on ne manque pas de faire, au surplus, mais

en se bornant malheureusement à rééditer toujours à peu près les mêmes modèles, alors que, si l'on voulait remonter aux dessins de l'époque, on découvrirait une étonnante variété de types qui, tout en subissant de légères modifications, ne laisseraient pas que de produire, dans nos appartements, l'effet le plus riche et le plus décoratif. Il est impossible, en effet, de rencontrer une succession plus curieuse de motifs différents, conçus et décorés avec un art à la fois plus ingénieux et plus maître de lui-même, et se contenant, cependant, dans les limites étroites d'un programme étonnamment restreint.

Au XVIIIe siècle, ces formes logiques et rationnelles continuèrent, pendant longtemps encore, de rester en honneur. On se borna simplement à substituer aux lambrequins solennels les palmes contournées ; et les rocailles prirent la place du décor rayonnant, caractéristique du Grand Règne. Les vernis, alors si fort à la mode, remplacèrent à leur tour les marqueteries de cuivre et d'écaille. De cette façon, l'aspect de ces beaux meubles se trouva rajeuni sans qu'aucune de leurs qualités essentielles fût sensiblement altérée, et leur vogue dura jusqu'au moment où les cartels de bronze achevèrent de prendre la place que ces magnifiques pendules avaient si longtemps et si glorieusement occupée.

Hâtons-nous de constater que cette substitution eut moins pour cause la défaveur qui s'attachait alors si rapidement aux formes anciennes, que les conditions toutes nouvelles dans lesquelles s'exerçait la vie sociale. D'une part, les appartements subitement rétrécis ne comportaient plus de ces vastes horloges aux contours généreux. D'autre part, les réminiscences de l'Antiquité, qui, à partir de 1750, imprimèrent au mobilier et à la décoration intérieure son aspect rigide, cette sécheresse de profils si particulière qui caractérisent le style Louis XVI, s'accordaient mal avec ces formes assouplies, un peu redondantes, mais, au demeurant, si décoratives.

Beaucoup moins de raisons suffiraient à expliquer une transformation plus radicale encore. Nous dirons même que si l'on doit s'étonner de quelque chose, ce n'est pas que cette transformation se soit produite, — elle était fatale, — mais c'est que ce type si particulier ait, pendant près d'un siècle, satisfait une société frivole, avide de changements, et, en outre, que l'admiration ressentie pour ces meubles, restés si décoratifs alors même que leur esthétique avait cessé de plaire, ait permis à un nombre aussi grand d'entre eux de parvenir jusqu'à nous.

Les premiers cartels de bronze dessinés par Meissonnier et par Oppenord dans le style rocaille, méritent assurément toute notre admiration, et l'on peut juger par celui que nous publions (fig. 1) de l'ampleur et, qu'on nous permette ce mot, de l'envolée de ces beaux ouvrages. Leurs formes s'assouplirent encore sous les doigts de Philippe II Caffiéri, et l'on a vu à la vente San-Donato un cartel composé par cet éminent artiste, poussé par les amateurs jusqu'à plus de 10,000 francs. Mais bientôt, entre des mains moins habiles, ces belles rocailles perdirent leur allure magistrale. Elles se compliquèrent d'Amours par trop joufflus, de bergères à paniers, et de personnages quelque peu ridicules.

De nos jours, des orfèvres et des bronziers de grand savoir se sont ingéniés à créer des modèles rappelant les œuvres si puissantes de Meissonnier et d'Oppenord, et nous reproduisons (fig. 68) un cartel en argent exécuté par MM. Bapst et Falize, qui peut compter parmi les tentatives de ce genre les mieux réussies. Mais notre éducation artistique, nos idées méthodiques, nos facultés rassises, et surtout le besoin de pondération qui nous domine, nous éloignent trop du désordre génial, de la fantaisie exubérante et indisciplinée qui distinguent le style rocaille, pour que ces restitutions puissent aboutir à des résultats complètement satisfaisants.

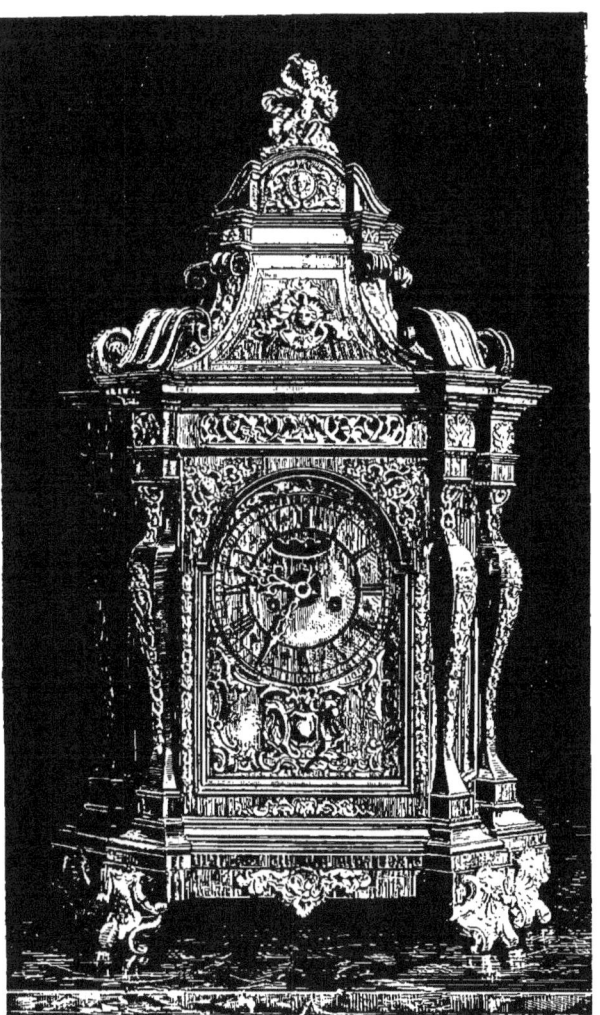

Fig. 67. — Petite horloge de chambre, en bois sculpté et doré.
(xviiie siècle.)

Les styles trop personnels, au reste, ne se prêtent pas aux copies plus ou moins fidèles. Aussi les dessinateurs chargés par nos horlogers de composer des projets de cartels, consulteront-ils avec plus de fruit et avec plus de chances de succès les compositions des petits maîtres appartenant à la seconde moitié du xviiie siècle; et c'est dans les albums des La Londe et des de La Fosse qu'ils trouveront plutôt des modèles inspirateurs.

Mais cette rapide revue des cartels en bronze nous a entraînés bien loin. Il nous faut remonter dans le passé et jusqu'au milieu du xviie siècle pour rapprocher de ces belles horloges, dont les larges profils dessinés par Marot et Le Pautre, font un si bel effet sur leurs robustes et magnifiques consoles, ces autres horloges placées sur de longues gaines formant piédestal, dont le règne de Louis XIV fournit de si beaux spécimens, et qui, dans leur ensemble, constituent de véritables monuments.

La magnifique horloge que possède le Louvre (voir fig. 69) et qui d'une gaine superbe de marqueterie exécutée dans le genre de Boulle, fait jaillir Apollon sur son char, c'est-à-dire le soleil régulateur des heures et dispensateur du jour, cette belle horloge doit être considérée comme le point culminant auquel doit atteindre l'art de la décoration appliqué à ce genre d'appareils. Déjà, dans ce modèle magnifique, d'une somptuosité un peu débordante, le motif principal se trouve relégué au second plan. Le cadran qui sert d'amortissement à cette composition magistrale est éclipsé, en quelque sorte, par le motif éblouissant qui le supporte, et il a fallu la verve incomparable du dessinateur auquel nous devons ces belles formes, pour que l'œil ne fût pas choqué, dès le principe, par cet illogisme. Encore ne manque-t-on pas d'en être contrarié dès qu'on a remarqué la subordination un peu trop accentuée du principal à l'accessoire, et le plan secondaire auquel se trouve relégué le cadran.

Ajoutons que les reproches, ou pour mieux dire les ob-

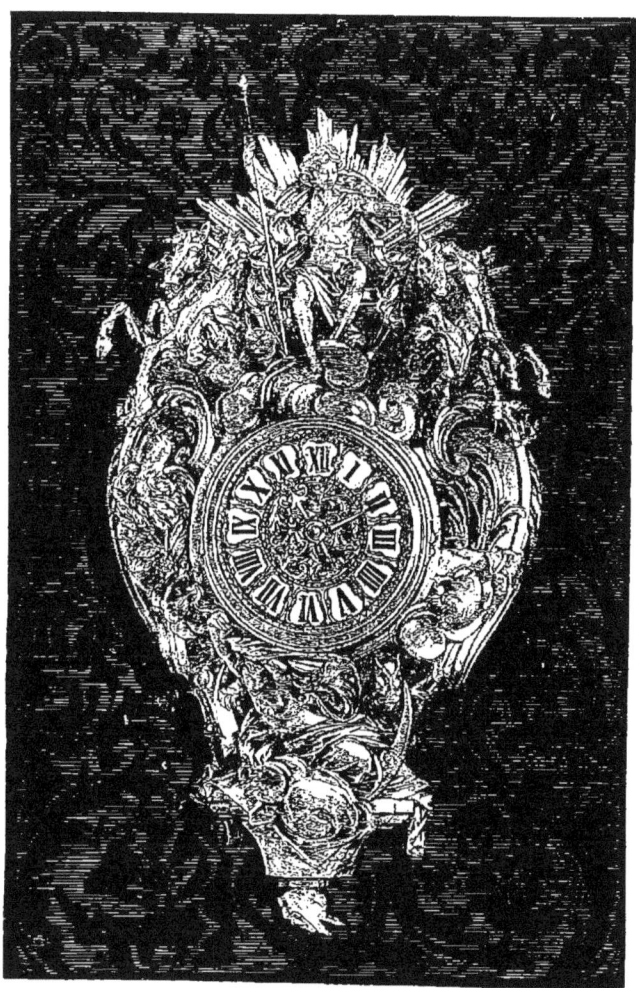

Fig. 68. — Cartel en argent ciselé.
(Gravure tirée du volume de la *Décoration*.)

servations auxquelles prête ce beau meuble, ont, avant et après lui, été évitées par les auteurs d'autres spécimens d'époques très différentes, offrant assurément une somptuosité moins grande, mais un goût aussi noble et une disposition plus logique. On attribue à Holbein le dessin d'une horloge destinée à Henri VIII d'Angleterre (fig. 26), qui peut être regardée, malgré l'importance donnée à la partie décorative, comme un parfait modèle, et les amateurs vont admirer à la Bibliothèque de l'Arsenal une horloge de Julien Le Roy (voir fig. 49) qui, dans son genre, ne laisse, elle non plus, que bien peu de chose à reprendre.

Si, dans le dessin d'Holbein, le cadran semble, en effet, manquer quelque peu d'ampleur, encore la façon dont il est isolé, dont il se détache, ainsi que la place qu'il occupe, lui assignent-elles, dans l'ensemble de la composition, une importance spéciale. En outre, il convient de remarquer que ce cadran ne portait qu'une seule aiguille marquant les heures, ce qui rendait beaucoup plus facile, même à distance, la lecture de ses indications et nécessitait, par conséquent, des proportions moins vastes que celles des cadrans munis d'une aiguille à minutes. On constatera également que la disposition présentée par la gaine, divisée en trois membres distincts, est des plus heureuses. Les dimensions respectives

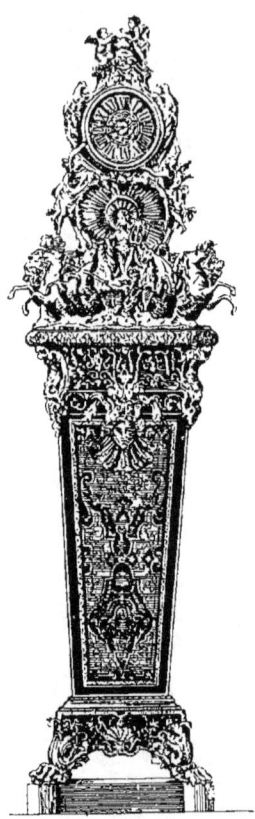

Fig. 69. — Pendule à gaine attribuée à Boulle. (XVIIe siècle.) (MUSÉE DU LOUVRE.)

assignées à la base et à l'entablement enlèvent toute maigreur au support. On voudra bien observer encore que ce support joue un rôle relativement considérable dans les indications horaires, puisque, le cadran ne montrant que les heures révolues, les demies et les quarts étaient marqués par un grand sablier occupant le milieu du piédestal, qu'un mouvement automatique de l'horloge faisait basculer après l'heure révolue, c'est-à-dire chaque fois que la partie supérieure du sablier se trouvait vide. Enfin, les petits génies eux-mêmes, servant de soutiens au cadran, n'étaient pas de vulgaires accessoires. Ils jouaient leur rôle, et même un rôle important, dans l'économie de ce bel appareil, puisqu'ils étaient chargés de dire les quantièmes. Nous sommes donc, avec cette horloge, en présence d'un instrument de tout premier ordre, et qui fait le plus grand honneur à l'artiste qui l'a conçu.

Si nous étudions l'horloge de l'Arsenal, notre satisfaction ne sera guère moins grande. On remarquera que, là encore, la séparation entre le support et l'appareil proprement dit est bien accentuée, et cette séparation, en laissant à chacune des deux parties son anatomie spéciale et son autonomie décorative, ajoute à la beauté de l'ensemble, car elle introduit dans cette œuvre si remarquable des éléments de variété, qui ne nuisent en aucune façon à son indispensable unité. Le pied, robuste et vaillant, est d'une structure superbe et d'une parfaite élégance. Dans l'horloge proprement dite, on peut critiquer, il est vrai, le cadran ovale, sorte de tour de force qui n'ajoute rien à la beauté de l'ensemble, et le couronnement, dont la construction manque un peu de stabilité. Mais l'emmanchement des cariatides est des plus heureux. Les détails de l'ornementation sont d'une souplesse pleine de grâce, et il s'en faut de bien peu que nous ne soyons en face d'une œuvre presque parfaite.

La féconde période qui s'étend de 1680 à 1750 a, du reste,

produit une quantité de ces belles horloges à gaines. Il suffit de parcourir les *Inventaires des meubles de la Couronne* et de dépouiller la collection du *Mercure galant* ou celle de la *Gazette de France,* pour être édifié sur l'étonnante somptuosité des horloges de ce temps. Malheureusement leurs vastes dimensions leur ont été fatales. La plupart ont été détruites, et parmi celles qui nous sont restées il en est beaucoup qui sont loin de présenter ces grandes qualités de composition et de facture. Dans ce nombre il faut comprendre presque toutes les horloges dont la gaine sert de logement au long balancier qui commença d'être usité à cette époque.

Lorsque l'importante application de Huygens eut révolutionné le bel art qui nous occupe et se fut imposée aux horlogers de tous les pays, il suffit à ceux-ci de réunir la gaine à la boîte qu'elle portait, pour que l'horloge moderne, avec sa disposition en hauteur, se trouvât définitivement constituée. Toutefois, dans les premières horloges à pendule, la dualité primitive demeura apparente; et alors même que déjà elle n'existait plus, la séparation entre la gaine et la boîte sembla encore persister (voir fig. 70). Plus tard, on crut bien faire en supprimant cette division, moins illogique qu'elle peut paraître, et qui, partageant cette longue et maigre surface en un certain nombre de membres distincts et superposés, permettait de donner à chacun d'eux des proportions moins étriquées et plus capables de satisfaire les exigences de la plastique.

Les résultats de cette suppression furent on ne peut plus

Fig. 70. — Modèle d'horloge à gaine. (Dessin de D. Marot.)

fâcheux, et, en effet, on chercherait vainement — parmi les nombreux spécimens de ces grandes horloges à longue gaine que le xviiie siècle nous a laissés — une suite de modèles comparables à ceux dessinés par D. Marot ou par Le Pautre. A de très rares exceptions près, elles présentent toutes des proportions antiplastiques, et leurs formes étriquées, bien loin de satisfaire l'œil, l'inquiètent au contraire et le chagrinent.

Ce n'est pas que les ébénistes du siècle dernier n'aient point fait quelques efforts, pour exécuter sur ce thème ingrat des variations brillantes. Jusqu'en 1750 ils s'ingénièrent, en contournant les formes de leurs enveloppes, à exprimer extérieurement la disposition de leur mécanisme interne, mais sans atteindre le résultat qu'ils cherchaient, parce que, dans cet asservissement de la forme extérieure à l'organisme, les lois les plus élémentaires de la décoration se trouvaient méconnues. La plupart des gaines exécutées dans cet esprit produisent en effet l'impression ridicule de mannequins auxquels on a oublié de mettre des bras [1].

Plus tard, les formes rigides étant devenues à la mode, les boîtes affectèrent la figure de longs rectangles, ce qui les fit ressembler à des boîtes à momies ou à des cercueils plantés debout. Il ne faut point, du reste, se montrer trop surpris que la science devenue la première et la plus haute préoccupation des horlogers illustres dont notre pays s'honore, des Le Roy, des Lebon, des Lépine, des Lepaute des Berthoud, des Rivaz, des Dutestu, etc., leur ait fait reléguer au second plan, dédaigner même cette élégance extérieure qui, chez leurs devanciers, accompagnait et complétait si bien les productions de leur art. La plupart des chronomètres construits par ces célèbres mathématiciens,

---

1. Les plus belles horloges de ce temps n'échappent pas à cette loi fatale, et le chef-d'œuvre de Passement, de Dauthiau et de Caffieri, qui orne à Versailles le cabinet des pendules, présente lui-même cette figure au moins étrange.

s'ils sont d'un prix inestimable au point de vue du mécanisme, sont, en effet, quant à la forme et à la décoration extérieure, d'une sécheresse absolue ; et dans toute cette admirable collection de chefs-d'œuvre chronométriques que possède notre Conservatoire des Arts et Métiers, et qui portent la signature de Berthoud, de Thiout, de Janvier, c'est à peine si l'on trouverait un ou deux modèles absolument dignes d'être imités.

Est-ce à dire que le problème que nos aïeux ne se sont point donné la peine de résoudre soit insoluble ? Nous ne le croyons pas, et il suffit, pour s'en convaincre, d'étudier la construction des enveloppes, non seulement en tenant compte de leur raison d'être, mais en s'inspirant aussi des exigences décoratives. Que sont, en effet, ces vastes boîtes ? Des meubles en bois, et ces meubles, comme tous leurs congénères, obéissent à certaines règles qui en déterminent les proportions, et ne peuvent jamais être impunément méconnues.

Or, dans notre traité de la *Menuiserie*[1], nous avons établi que tout meuble se présentant géométralement sous la forme d'un rectangle, doit maintenir ses dimensions respectives dans certaines limites proportionnelles, qu'il ne faut jamais dépasser. Ces limites, on s'en souvient, partent du carré parfait, pour aboutir à un parallélogramme dont la longueur est le double de la largeur. L'expérience indique, en outre, les chiffres 2 et 3 comme fournissant le rapport le plus convenable entre ces deux dimensions. Voyons donc s'il ne nous est pas possible d'établir, dans la construction de notre horloge, certaines divisions logiques nous permettant de donner à chacune des parties dont se compose ce tout, des proportions agréables à l'œil.

Notez qu'en opérant cette division, nous ne commettons aucun acte irrationnel. Un buffet, parce qu'il a deux corps, ne cesse pas d'être un buffet. Un cabinet placé sur son pied,

---

1. Voir la *Menuiserie*, p. 56.

bien qu'il paraisse indépendant de ce pied, ne laisse pas que de constituer un meuble unique. Notre horloge, alors même que nous aurons établi une démarcation entre les différents membres dont elle est composée, ne cessera pas pour cela d'être une horloge, et de former un tout sinon indivisible en apparence, du moins parfaitement homogène.

Supposons donc qu'aucun modèle de ce genre d'horloges n'existe ; faisons table rase des précédents, et étudions la construction d'une horloge à gaine comme si ce petit problème n'avait jamais été résolu.

Le premier point qu'il importe de fixer, c'est la hauteur du cadran. Cette hauteur doit naturellement se proportionner à la distance à laquelle notre horloge sera contemplée. Admettons que nous nous trouvions dans une pièce de dimensions moyennes, permettant par conséquent de prendre 4 à 5 mètres de recul, mais offrant la possibilité de s'approcher de notre meuble aussi près qu'on le désire. L'élévation qui semble convenir le mieux, dans ce cas, c'est assurément la ligne d'horizon, qui, chacun le sait, est placée précisément à la hauteur de l'œil. Or, dans nos précédentes études, nous avons établi que la taille normale de l'homme est de $1^m,65$ [1]. Comme d'une part les yeux sont géométralement placés à $0^m,10$ au-dessous du sommet du crâne, et comme d'autre part notre horloge doit être à la portée d'observateurs des deux sexes, nous aurons soin que la partie supérieure de notre cadran se trouve à environ $1^m,55$ du sol.

Dans notre chapitre II (2e partie) nous avons expliqué qu'il était d'usage, quand un cercle horaire est disposé en plein air, de donner à son diamètre le dixième de la distance qui le sépare du sol. Mais dans un appartement l'intensité de l'éclairage est sensiblement inférieure à celle qu'on rencontre au dehors. Il devient donc indispensable, pour que les indications demeurent bien visibles, d'accorder au ca-

---

1. Voir la *Menuiserie*, p. 69.

152   L'HORLOGERIE

dran un développement plus considérable. Au lieu de 0ᵐ,16, nous lui en attribuerons 22 qui, avec le cercle entourant le verre large de 0ᵐ,01 pour chaque côté, porteront son développement total à 0ᵐ,24.

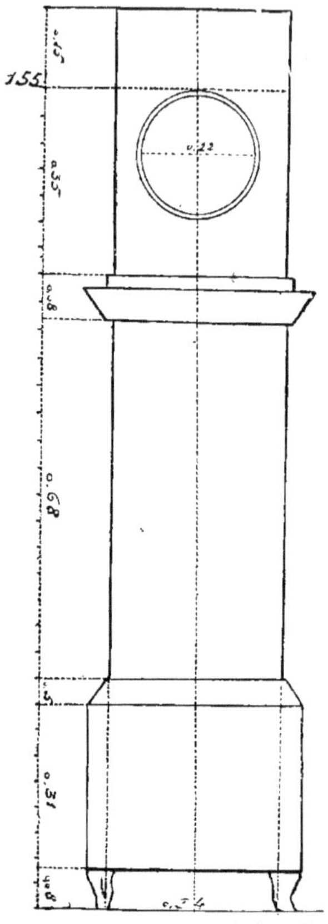

Ces deux points acquis, — hauteur et dimensions du cadran, — occupons-nous maintenant de la boîte qui enveloppe notre mécanisme. Cette boîte en façade se compose d'une base, de deux supports latéraux (colonnes, pilastres, consoles ou cariatides), d'un entablement surmonté d'un fronton ou d'un dôme. Il est difficile de donner moins de 0ᵐ,05 de largeur à chacun des supports latéraux; la largeur totale de notre boîte sera donc de deux fois 0ᵐ,05 ajoutés à 24, diamètre du cadran, soit en tout 0ᵐ,34. Mais nous avons dit que le rectangle formé par une figure géométrale, pour plaire à l'œil, s'exprimait par le rapport de 2 à 3. Si notre largeur est de 34, notre hauteur sera donc de 50 environ.

Fig. 71. — Diagramme de la gaine d'horloge construite rationnellement.

Une fois notre cabinet d'horloge établi, il s'agit de l'asseoir sur une base solide. Notre gaine qui abrite le balancier doit offrir une largeur suffisante pour ne pas gêner ses oscillations. Le diamètre de notre lentille augmenté de l'amplitude produite par le mouvement du pendule ne saurait dépasser 0ᵐ,26 à 0ᵐ,28. Nous pouvons donc prendre comme largeur extérieure du coffre la lar-

L'HORLOGERIE 153

geur maximum de notre cabinet, soit 34, et ce dernier se trouvera d'autant mieux d'aplomb que nous aurons soin de faire déborder à droite et à gauche la corniche large de 0ᵐ,08 qui termine notre gaine à sa partie supérieure. Reste maintenant à régler la hauteur de la gaine. Mais dans la réunion de ces trois éléments décoratifs qui composent une horloge — base, gaine et cabinet — il en est un qui doit dominer tous les autres, et, autant que possible, c'est à la partie centrale que ce rôle doit rester acquis[1]. Nous donnerons donc à cette partie centrale la longueur maximum qui soit compatible avec cette convenance de dimensions dont nous avons parlé plus haut, c'est-à-dire le double de sa largeur, soit 0ᵐ,68[2]. En réservant 0ᵐ,05 pour la gorge qui doit unir notre gaine à la base, et 0ᵐ,08 également pour la plinthe qui protège cette base, ou pour le pied qui la porte, il nous restera pour la hauteur de cette dernière 0ᵐ,31 ; et comme elle aura 0ᵐ,46 de large, là encore nous aurons sous les yeux un rectangle de forme agréable. Dans le schéma ainsi tracé (voir fig. 71) nous pouvons insérer un motif d'horloge

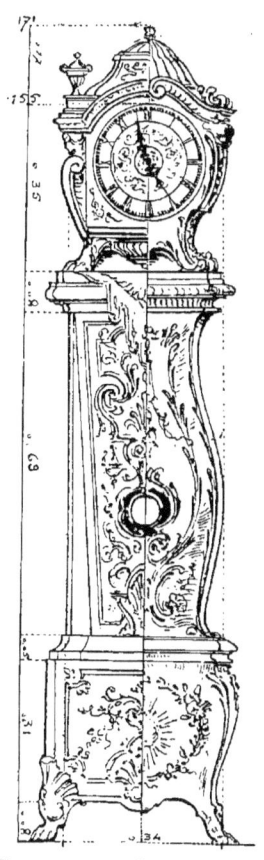

Fig. 72. — Modèles d'horloge, inscrits dans le diagramme rationnellement construit.

1. Voir la *Décoration*, proposition.
2. On remarquera encore que cette longueur additionnée de 0ᵐ,35, hauteur du cadran dans le cabinet, est plus que suffisante pour abriter le pendule à secondes, qui présente 0,994 de longueur.

quel qu'il soit. Il ne peut manquer de nous donner une complète satisfaction (voir fig. 72).

Ajoutons que si les conditions de vision sont différentes; si l'horloge en question, au lieu d'être à demeure dans une habitation bourgeoise, est appelée à prendre place dans un édifice public; si sa contemplation comporte un recul considérable; si l'on est obligé de distinguer l'heure par-dessus la tête de spectateurs plus rapprochés, l'appareil naturellement devra être d'une taille plus élevée; mais pour les appartements de dimensions ordinaires on fera bien de ne pas s'éloigner beaucoup des proportions que nous venons d'indiquer, et qu'on peut considérer comme normales.

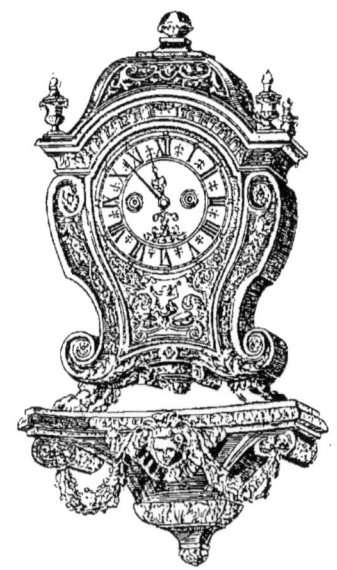

Fig. 73. — Horloge dite *Religieuse*, avec son support.

VI

LES HORLOGES DE CHEMINÉE DITES PENDULES

Ce qui donne à l'étude des arts de l'ameublement un intérêt tout particulier, ce n'est pas seulement l'étroite corrélation qui les unit, la curieuse concordance qui, dans l'application, se manifeste entre des professions n'ayant, somme toute, entre elles que des liens assez lâches. C'est aussi l'étonnante docilité avec laquelle ces mêmes arts s'appliquent à satisfaire nos goûts et nos besoins; et, mieux que tout cela, c'est la dépendance curieuse qu'ils observent vis-à-vis de nos transformations sociales.

Nous avons expliqué dans notre précédent chapitre comment la diminution subite que la mode et l'usage imposèrent aux dimensions respectives des habitations amena, au commencement du xviiie siècle, la substitution de cartels en bronze aux horloges appliques. C'est à une modification du même genre que l'on doit l'introduction dans notre mobilier de ces horloges de cheminée, désignées aujourd'hui d'une façon générale sous le nom de pendules, et qui, depuis lors, se sont tellement multipliées, qu'il n'est presque pas d'habitation où l'on n'en rencontre quelques-unes.

Renonçant à la vie solennelle, à ses pompes et à son manque de confort, les contemporains du Régent et les sujets de Louis XV avaient été naturellement amenés, nous venons de le dire, à réduire la taille de leurs appartements. Ils se virent obligés, par suite, de diminuer d'autant le volume de leurs cheminées. Au moment où cette double réduction s'opérait, on eut l'idée de substituer les glaces, qui étaient dans leur grande nouveauté, aux tableaux et aux bas-reliefs qui jusque-là avaient décoré le manteau de la cheminée.

Mais la raison d'être d'une glace, c'est qu'on puisse s'y voir ; et cette raison devait être, à ce moment, d'autant plus goûtée, que la Société alors était particulièrement frivole et coquette. Pour permettre aux personnes groupées autour du foyer, devenu beaucoup plus hospitalier, de se contempler tout à l'aise, on se hâta d'abaisser le chambranle. C'est à Robert de Cotte, premier architecte du roi, que revient l'honneur de cette révolution, dont les conséquences mobilières furent considérables.

Par un enchaînement tout naturel, les modifications subies par les dimensions et la structure de la cheminée amenèrent dans sa parure une transformation radicale. C'est ainsi que l'âtre réduit de taille vit les modestes chenets se substituer aux landiers de grande stature. Bientôt la grille et le devant de foyer devinrent le complément naturel des chenets. De même, au-dessus de l'âtre, le chambranle, dont les contours supérieurs avaient été jusque-là mouvementés, se termina par une tablette horizontalement disposée et servant de base à la glace ; et cette tablette, dont la nudité ne laissait pas que d'être choquante, appela la présence d'une garniture chargée de combler le vide désagréable qui s'était produit à cette place, la plus en vue de tout l'appartement.

Ce furent d'abord des pièces de céramique, de petits groupes de Saxe, des statuettes et des vases qui remplirent ce rôle[1]. Un peu plus tard, les horloges appliques abandonnèrent leurs supports aériens pour venir, à leur tour, occuper ce poste d'honneur. Cette prise de possession, toutefois, n'eut pas lieu sans quelques protestations. On commença par s'indigner contre ces appareils, qui venaient ainsi compter une à une les heures de la vie, sous les yeux mêmes de ceux qui prétendaient, en conversant, oublier la marche trop rapide du temps. En 1763 Favart, dans une pièce peu

---

1. Voir *Dictionnaire de l'Ameublement*, t. Ier, col. 781.

connue, intitulée *l'Anglais à Bordeaux*, se faisait l'écho de ces plaintes, et mettait les vers suivants dans la bouche d'un de ses personnages :

> Tout ne présente ici qu'un luxe ridicule :
> Quoi ! l'art a décoré jusqu'à cette pendule ?
> On couronne de fleurs l'interprète du Tems,
> Qui divise nos Jours et marque nos Instans !
> Tandis que tristement ce globe qui balance
> Me fait compter les pas de la mort qui s'avance,
> Le François, entraîné par de légers désirs,
> Ne voit sur ce cadran qu'un cercle de plaisirs.

Vingt ans plus tard, Mercier, dans son *Tableau de Paris*[1], écrivait à son tour : « On met une pendule sur toutes les cheminées; on a tort : mode lugubre. Il n'y a rien de si triste à contempler qu'une pendule. Vous voyez votre vie s'écouler, pour ainsi dire, et ce balancier vous avertit de tous les moments qui vous sont enlevés et qui ne reviendront plus. »

Mais que peuvent les critiques des vaudevillistes et même les déclamations des philosophes, contre les arrêts de la mode ? Après un siècle et demi, la pendule, — car, en descendant de son socle, la vénérable horloge abdiqua son vieux nom pour en prendre un nouveau, moins justifié assurément, mais d'allures plus modernes — la pendule, disons-nous, en dépit de toutes les objurgations, constitue encore la pièce principale des garnitures de cheminée. Toutefois — constatation bien curieuse, et qui marque combien dans les arts de l'ameublement la persistance des formes est tenace — les horlogers, en assignant à leurs ouvrages une place différente, ne songèrent pas à en modifier la structure, pour les harmoniser avec leur nouvelle destination.

Les horloges, jusque-là, avaient été « bâties en façade », c'est-à-dire que les trois parties visibles, la face et les deux

---

1. T. XII, p. 170.

côtés, étaient décorées avec soin, alors que le derrière, conservant une simplicité rudimentaire, laissait apercevoir, lorsque l'horloge était retournée, à travers une porte de verre, le mécanisme intérieur. Cette disposition, au demeurant, était logique, puisque, les horloges restant adossées à la muraille, leur quatrième paroi était destinée à n'être jamais vue. Mais placé devant une glace et réfléchi par elle, ce quatrième côté devint brusquement visible, sans que personne prît la peine de signaler cette anomalie ni songeât à y remédier. Si bien qu'aujourd'hui encore les pendules spécialement faites pour servir de garnitures aux cheminées, continuent d'être construites comme leurs ancêtres, uniquement destinées à être appliquées contre la muraille.

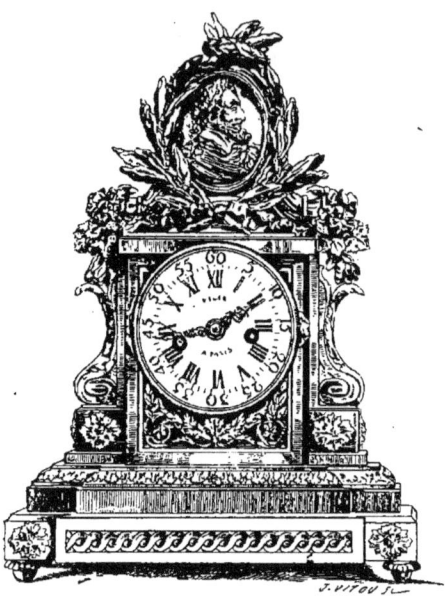

Fig. 74. — Pendule à sujet.
(Époque Louis XVI.)

Cette ténacité dans le mode de construction est d'autant plus remarquable, qu'en se mêlant plus intimement à la vie sociale, l'horlogerie était entrée dans une phase nouvelle de son existence, phase qu'on pourrait appeler *décorative* et *littéraire*.

Jusque-là, dans la confection de ces appareils, une préoccupation avait primé toutes les autres : la connaissance de l'heure. Comme conséquence, le cadran, dans toutes les horloges, occupait la place principale, la plus en évidence, celle qui, du premier coup, frappait, attirait même les regards. On avait bien mêlé à la décoration de ces beaux meubles quelques allégories relatives à la division du Temps, ou de transparentes allusions à la brièveté de la Vie. Les trois Parques, le Soleil, l'Aurore, Saturne avec sa faux, la Nuit faisant pendant au Jour, etc., s'étaient groupés autour du cadran, lui servant d'encadrement, de couronnement ou de support; mais le cercle horaire — ne craignons pas d'insister sur ce fait — était resté le membre essentiel de l'appareil. En descendant sur les cheminées, le rôle de la pendule se transforma. Sa fonction désormais fut surtout ornementale. La connaissance de l'heure devint presque l'accessoire, et l'intérêt résida dans le Sujet.

C'est, nous l'avons dit, au milieu du xviiie siècle que s'opéra cette transformation. Dès l'année 1756, les *Menus Plaisirs* entraient dans cette voie irrationnelle, en commandant à Gallien, pour 6,500 livres, une pendule destinée au Cabinet du Conseil à Versailles et représentant « la France gouvernée par la Sagesse, couronnée par la Victoire et accordant sa protection aux Arts ». Vers le même temps le Mobilier de la Couronne demandait à Saint-Germain une pendule représentant l'*Enlèvement d'Europe,* et à Vion, qui l'avait exécutée en collaboration avec Lepaute, une pendule figurant *les Trois Grâces et l'Amour*. Et ce n'était pas seulement le roi qui achetait de ces pendules à *sujet*. Vers le même temps Lazare Duvaux expédiait, sur l'ordre de Mme de Pompadour, à la princesse de Naples une pendule ornée d'un groupe de porcelaine de Saxe, représentant un *Concert champêtre*. En 1765, on adjugeait rue Saint-Honoré, chez le notaire Angot, une pendule ayant pour sujet l'*Histoire d'Andromède*. La même année Pally mettait en vente une pendule représentant *Vénus admirée par un Amour* et *Cupidon sur un char traîné par des colombes*. En 1775, on allait voir chez le graveur Barde une pendule où se trouvaient groupés la *Force,* la *Justice* et les *Arts ;* en 1778, chez le bijoutier Macé, « une superbe pendule dorée d'or moulu représentant la *Création de l'homme* et les allégories relatives au mariage du roi » ; et chez le bijoutier Granchez, fournisseur attitré de Marie-Antoinette, l'*Innocence,* la *Pleureuse d'oiseaux, Apollon et Daphné* transformés en sujets de pendule. Partout, à cette époque, on rencontre de ces compositions singulières, étranges, invraisemblables, enfantines même. Le célèbre Étienne Lenoir dépense son ingéniosité à créer une pendule « en forme de tambour, portée par un rhinocéros dont la méchanique fait mouvoir les yeux, les oreilles, la trompe (?) et la queue [1] » ; et le marquis de Broglie orne la cheminée de son cabinet d'une pendule représentant « la *Scène du Déserteur* [2] ».

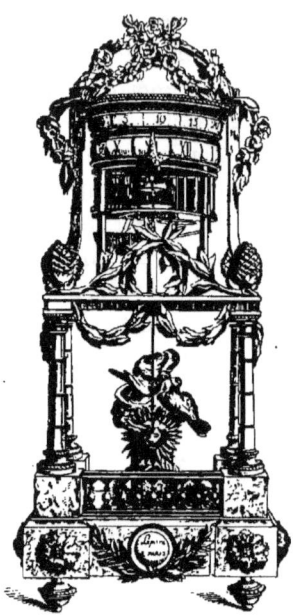

Fig. 75. — Pendule à cadrans tournants construite par Lépine.

Le sujet, dès lors, est si bien devenu la principale préoccupation des horlogers et des dessinateurs chargés de créer des modèles, que les uns et les autres s'ingénient à dissimuler et même à supprimer le cadran. C'est, en effet, le moment de la grande vogue de ces pendules en forme de vases ou de globes dont les cercles horaires, disposés sur un plan horizontal et animés d'un mouvement de rota-

---

1. *Journal général de France* du 15 février 1779 et du 31 juillet 1782.
2. *Annonces, Affiches et Avis divers,* 6 août 1786.

tion, au lieu de solliciter l'œil, deviennent presque invisibles et fournissent des indications à peu près illisibles.

Et ce ne sont pas des horlogers de rencontre ou des artistes de second ordre, qui commettent ce grossier contresens. L'illustre Lépine signe cette pendule singulière que nous reproduisons (fig. 75), et où toutes les traditions de l'horlogerie se trouvent bouleversées comme à plaisir. Lepaute exécute pour le marquis de Courtanvaux une pendule surmontée d'une urne à cadran tournant, à laquelle un serpent qui se dresse sert d'aiguille ; et Falconnet taille dans le marbre cette belle pendule des *Trois Grâces* qui, à la vente de M. Double, fut adjugée au prix énorme de 101,000 francs.

Si nous avons cité tous ces exemples, c'est pour bien montrer quel vertige funeste s'empara de l'Horlogerie à une époque qui passe cependant pour avoir fait preuve d'un goût charmant et raffiné. Avec la période suivante, le goût s'étant amoindri, le mal empira d'une façon singulière. A la fin du règne de Louis XVI, toutefois, on avait vu se produire une diversion à ces errements fâcheux. Tout le monde connaît ces étranges pendules, dont le cadran en forme de tambour se trouve soutenu par des architectures quelque peu incohérentes, qui associent le marbre noir à l'albâtre et aux bronzes dorés. La vogue de ces édicules si particuliers dut être considérable, si l'on en juge, du moins, par le nombre qui nous en est resté. Cependant elle ne dura pas longtemps. Le goût des *sujets* reprit le dessus, avec cette aggravation qu'au lieu de se complaire dans les compositions allégoriques, dans les motifs joyeux ou galants, le public et les artistes donnèrent la préférence aux anecdotes historiques ou lugubres.

C'est alors qu'on vit apparaître Hector, emporté par le galop de coursiers fougueux, et monté sur un char dont la roue servait de cadran. C'est alors qu'on vit le sombre Marius indiquer la marche du temps à l'aide d'un bouclier sur lequel les heures étaient gravées. Puis à l'Histoire on associa la Romance, et les boudoirs, les chambres, les salons, s'enrichirent de troubadours larmoyants, de vierges ridiculement gauches et naïves, lisant un livre sur le sommet d'une bibliothèque; de fillettes à taille courte pleurant auprès d'une cage ouverte, de bergers et de bergères cueillant des fruits sur un arbre porteur d'un cadran. Enfin en 1819, prodige de l'aberration, le bronzier Galle exposa une pendule représentant l'*Amitié couvrant les heures*, (voir fig. 77)[1]. Il semblait que la niaiserie ne pût aller plus loin, et cependant on se prend presque à regretter ces fantaisies innocentes, quand on considère les pendules gothiques que le Romantisme fit éclore, et la collection lamentable de grands écrivains, d'artistes illustres, de militaires fameux, dont l'horlogerie, sous le règne de Louis-Philippe, essaya la familière apothéose.

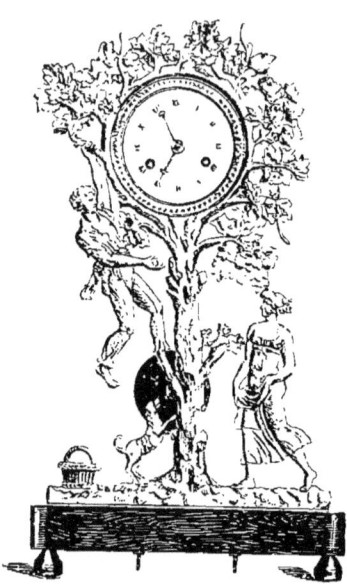

Fig. 76. — Pendule à sujet (style Empire).

Il faut avoir le courage de le dire, cette place d'honneur accordée aux pendules sur la tablette de la cheminée semble avoir été funeste au bel art qui nous occupe. En associant d'une façon trop directe et trop intime à un ensemble de décoration, des appareils qui ont une raison d'être

---

1. Voir la description de cette pendule et l'anecdote qui lui valut le jour dans les *Annales de l'Industrie nationale et étrangère*, année 1819, t. II, p. 221.

spéciale, et dont le rôle et les services sont strictement déterminés par un but d'utilité, on ne pouvait que leur faire perdre de leur caractère. On ne saurait donc blâmer ceux de nos contemporains qui, renonçant à une ordonnance considérée pendant plus d'un siècle comme classique, remplacent, dans la garniture de cheminée, la pendule par une œuvre d'art. Cette œuvre d'art, quand elle est convenablement choisie, est, en effet, mieux à sa place au milieu du chambranle, que ces pendules à *sujet* qui, persistant — nous l'avons remarqué plus haut — à être bâties en façade, ont tout à redouter d'une glace indiscrète, révélant les imperfections voulues de parties qui n'ont point été construites pour braver le regard.

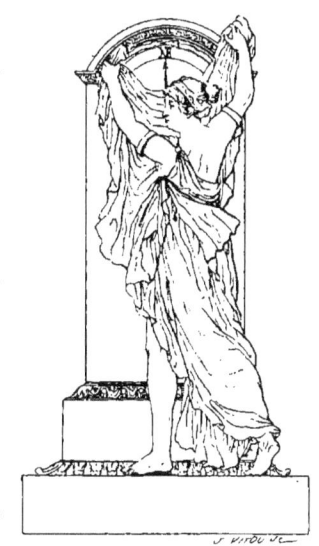

Fig. 77. — *L'Amitié cachant les heures*, pendule à sujet exécutée par Galle (Exposition de 1819).

Mais comme pendant longtemps encore on continuera sans doute de fabriquer des garnitures de cheminée, et qu'il importe d'assurer aux pendules, pièces capitales de ces garnitures, les qualités essentielles auxquelles elles peuvent prétendre, on nous permettra de terminer ce chapitre par quelques conseils, que nous recommandons spécialement à l'attention de nos lecteurs.

Dans la composition et l'ordonnance d'un projet de pendule, le premier point qu'il ne faut jamais perdre de vue, c'est que le cadran est extérieurement le membre le plus important. C'est lui que les yeux cherchent d'abord ; c'est donc lui que les yeux doivent de suite rencontrer. Cette importance ne doit pas seulement résider dans les dimensions relatives du cercle horaire. Elle doit encore être morale, si l'on peut dire ainsi. Le cadran doit dominer le sujet, le subalterniser en quelque sorte, de façon qu'à première vue, tout ce qui constitue la partie décorative, ornementale, paraisse avoir été conçu et exécuté dans un seul but : mettre le cercle horaire bien en évidence.

Ce cercle lui-même, non seulement doit être assez vaste pour frapper de suite les regards, il importe encore que ses indications soient très facilement lisibles. Cette condition se trouve exactement remplie par ces beaux cadrans blancs émaillés, sur lesquels courent deux aiguilles élégantes, dorées, ciselées, ajourées. C'est pourquoi ces cadrans doivent être préférés à tous leurs congénères en marbre de couleur, ou en métal plus ou moins orné.

Dans les pendules de boudoir, de chambre à coucher, de petit salon, où cette surface blanche pourrait paraître un peu monotone, si elle était dénuée d'ornements, et jurerait avec la décoration frivole du reste de la pièce, on peut entourer les chiffres d'heures de légers fleurons ou de fines et délicates guirlandes. Le Conservatoire des Arts et Métiers possède une horloge décorée de la sorte, qui est d'un goût ravissant. Mais on fera bien de mesurer les ornements qui parent ces *cadrans à la Dauphinie* (c'est le nom qu'on leur donna au siècle dernier) avec une grande discrétion, et la principale préoccupation du décorateur sera de choisir le modèle de ses chiffres et de combiner leurs proportions, de façon qu'ils demeurent toujours bien lisibles.

Si la décoration de l'appartement peut influer sur celle du cadran, celui-ci doit, comme dimensions, se proportionner à l'étendue de la pièce dans laquelle il prendra place. Pour les horloges monumentales et pour les horloges à gaine, nous avons été naturellement amenés à faire dériver la taille du cadran de son élévation au-dessus du sol. Dans le cas actuel, cette hauteur cessant d'être variable et facultative, il nous faut chercher une autre base d'estimation, et c'est le recul possible qui nous la fournira. Plus le recul peut devenir considérable, et naturellement plus le diamètre du cadran devra être grand. On a remarqué que pour donner, à un mètre de distance, des indications suffisamment lisibles, il importe que ce diamètre compte au moins $0^m,05$, c'est-à-dire qu'il soit de la taille d'une grande montre. Pour deux mètres on doit le tenir à $0^m,10$; à $0^m,15$ pour trois mètres, et à $0^m,20$ pour quatre mètres, et ainsi de suite. Hâtons-nous de constater que dans nos appartements actuels, très encombrés de meubles, le recul ne dépasse pas ordinairement ce dernier chiffre. En outre, il convient de remarquer que les pièces comportant des dimensions exceptionnelles, sont généralement dotées de cheminées monumentales, et par conséquent dépourvues de garnitures.

Une autre condition presque aussi importante, à laquelle toute pendule bien dessinée ne saurait se soustraire, c'est que son ordonnance présente un aplomb bien évident, et que sa masse repose sur une base suffisamment robuste pour que l'œil ne soit point alarmé. Dans aucun cas, il ne faut admettre que la statique de l'appareil soit soumise aux combinaisons plus ou moins ingénieuses de la décoration. Les supports doivent non seulement être d'une solidité réelle, suffisante pour assurer la parfaite stabilité du mouvement, — condition indispensable au fonctionnement régulier du mécanisme, — ils doivent encore être d'une robustesse bien apparente. Tout cadran qui paraît porter sur un appui trop fragile, inquiète l'esprit et contrevient ainsi à l'une des lois fondamentales de la Décoration.

Une quatrième condition dont il importe également de tenir compte, ce sont les proportions du *sujet*. Nous venons de constater que l'enveloppe de notre mouvement ne doit pas présenter une apparence trop frêle ; il ne faut pas non plus qu'elle semble trop trapue. Étant chargée de mesurer la marche du temps, sa massivité ne doit pas donner à l'esprit la sensation d'une immobilité éternelle. Quant aux proportions exactes de la hauteur relativement à la largeur, elles sont bien difficiles, sinon impossibles à déterminer d'une façon générale et en quelque sorte dogmatique. Il ne faut pas perdre de vue, en effet, que la pendule de cheminée a une destination précise et fait le plus souvent partie d'un ensemble. On est donc forcé de tenir compte à la fois des dimensions de la cheminée, de l'importance de sa tablette, et des objets complémentaires, vases, chandeliers, candélabres, qui sont destinés à servir d'accompagnement.

En largeur, une pendule bien proportionnée ne doit jamais occuper plus des deux tiers de la tablette sur laquelle elle repose, et en longueur jamais plus du quart. Il importe, en effet, que le marbre débordant en avant fournisse à sa masse une base robuste, et que sur les côtés il y ait assez d'air et d'espace, pour éviter que cette même masse ne paraisse écraser le chambranle, qui lui-même couronne un trou béant. De plus, quand la garniture de cheminée se complète de deux candélabres, il est nécessaire que ces derniers soient légèrement plus élevés que la pendule, de façon que la ligne brisée formée par les sommets de ces diverses pièces présente un caractère de gaieté, qui sans cela ferait défaut[1].

Enfin, et comme dernière recommandation, nous ferons remarquer que la décoration d'une pendule ne paraît absolument satisfaisante, que lorsque le métal intervient d'une façon bien visible dans son ornementation. C'est lui qui enlève au bois, au marbre, au biscuit, à l'ivoire, dont l'enveloppe peut être faite, leur inévitable froideur. Il rappelle utilement le rôle prépondérant que l'acier, le fer, le cuivre, le laiton, jouent dans la constitution du mécanisme interne. Bien mieux, il est indispensable que le cadran sur lequel se comptent les heures à mesure qu'elles s'écoulent

---

1. Voir la *Decoration*, prop. XL, fig. 43 et 44.

soit serti dans une matière énergique et durable, qui paraisse capable de défier l'action du temps.

Telles sont les règles principales dont il faut tenir compte dans la composition de ces horloges intimes qu'on appelle « pendules de cheminée ». Le rôle du dessinateur, en ce qui les concerne, est d'autant plus décisif, que depuis cinquante ans les horlogers semblent s'être désintéressés de la création de nouveaux modèles. Pour faciliter la tâche de leurs collaborateurs appartenant à d'autres professions, ils ont même réduit leurs mouvements à un certain nombre de types dont les dimensions fixes, connues d'avance, permettent aux décorateurs, aux créateurs de *sujets,* aux fabricants de cabinets ou de boîtes, aux marbriers, aux bronziers, aux ébénistes, d'opérer à coup sûr et sans tâtonnements. Artistes et industriels sont donc tenus d'apporter dans leurs compositions un soin d'autant plus grand, une logique d'autant plus serrée, que, par suite de la multiplication des montres, la pendule de cheminée devient de moins en moins nécessaire, et que le jour où elle ne constituera plus une agréable décoration, elle est fatalement appelée à disparaître, pour faire place à quelque objet d'art de valeur.

Notre étude sur l'horlogerie ayant un but éminemment pratique, nous pourrions terminer ici ce petit manuel, puisque nous avons passé en revue les divers appareils qui, d'une façon courante, servent, dans l'ameublement, à la constatation de l'heure. Toutefois, nous croyons devoir consacrer un dernier chapitre à certaines horloges curieuses et compliquées, exécutées depuis deux siècles, pensant que nos lecteurs pourront trouver dans les pages qui suivent plusieurs renseignements présentant quelque utilité.

VII

HORLOGES SAVANTES, CURIEUSES OU COMPLIQUÉES

On a pu voir dans notre premier chapitre, que les horlogers n'avaient point attendu d'être maîtres absolus de leur art pour se plaire dans la construction d'appareils d'une complication étonnante, et qui, s'ils disaient l'heure d'une façon passablement incertaine, avaient la prétention d'étonner le spectateur par une multiplicité de renseignements, qui n'étaient pas d'une incontestable utilité. L'horloge de Padoue, construite en 1344 par Jehan de Dondis; celle de Strasbourg, édifiée en 1352, reconstruite en 1547 par les trois célèbres mathématiciens Chrétien Herlin, Michel Heer et Nicolas Brükener; celle de Lyon, achevée en 1598 par Nicolas Lippius, d'autres encore pourraient attester, si besoin était, le goût tout particulier des mécaniciens du Moyen Age et de la Renaissance, pour les complications les plus inattendues.

Au XVIIe siècle, cette curieuse tendance ne se ralentit pas; mais au lieu de s'appliquer à des horloges publiques, elle prit un caractère plus intime. Les savants mécaniciens concentrèrent leur ingéniosité et leurs recherches dans l'exécution d'horloges intérieures, appelées à prendre place chez le roi ou chez de grands seigneurs, dans les hôtels et dans les palais, et à faire l'admiration d'une Société que, d'après certaines apparences, on aurait pu croire un peu moins frivole.

Que sous le règne des Valois on ait raffolé de ces horloges compliquées de fantaisies pittoresques, il ne faut point s'en montrer surpris. On comprend qu'en un temps où ces appareils ne marquaient l'heure qu'approximativement, on ait pensé à faire servir leur mécanisme, d'une utilité relative, à l'amusement ou à la distraction de leurs heureux possesseurs. Mais on s'explique moins bien que ce goût singulier ait persisté à une époque aussi majestueuse que le règne de Louis XIV, surtout après que les belles découvertes de Huygens eurent fait entrer l'horlogerie dans une voie tout à fait savante.

Eh bien, à la cour du Grand Roi, malgré la solennité du temps, malgré l'austère réserve qu'imprimait à cette société hiérarchisée à outrance son caractère de pompeux ennui, non seulement on conservait avec le plus grand soin les petites horloges à automates du siècle précédent, ces *nefs* (voir fig. 82) dont le mécanisme mettait en mouvement tout un petit équipage de matelots, mais encore on faisait le plus chaleureux accueil à une foule de pièces du même genre, qui peuvent paraître enfantines à force de sembler ingénieuses.

Sous ce rapport, les *Inventaires des meubles de la Couronne* fourmillent de révélations curieuses. Dans le nombre des ouvrages étranges et compliqués qu'ils décrivent, nous citerons un peu au hasard : une horloge représentant une petite femme de bronze doré, vêtue de draperies d'argent, ayant à ses pieds un singe assis et placée elle-même dans un char traîné par des léopards, le tout mis en mouvement par un ressort dissimulé dans le corps du chariot; ou encore une horloge représentant « un rocher de cuivre émaillé de vert et autres couleurs en partie, au devant duquel est une figure de saint Antoine qui tire la clochette, et à ses costéz deux figures de suisse (?), et vis-à-vis un parterre entouré d'une manière de balustrade, au milieu duquel est un bassin de fontaine d'argent et trois petites figures; le tout posé sur un soc (*sic*) d'ébeine porté sur quatre oignons de cuivre ».

Se figure-t-on le grave et solennel Louis XIV prenant plaisir à contempler de pareils jouets? Il ne faudrait point s'imaginer, en effet, que ces appareils fantaisistes étaient enfermés avec les objets de vitrine dans des pièces réservées et loin des regards. Non pas; le roi et les plus graves personnages du royaume les avaient constamment sous les yeux. L'horloge préférée de Louis XIV, celle qui ornait la salle du Conseil, est ainsi décrite par un témoin oculaire : « Toutes les fois que l'horloge sonne, deux coqs chantent chacun trois fois en battant des ailes. En même temps des portes s'ouvrent de chaque côté, et des figures en sortent portant chacune un timbre en manière de bouclier, sur lequel deux Amours frappent alternativement les quarts avec des massues. Une figure de Louis XIV, semblable à celle de la Place des Victoires, sort du milieu de la décoration; il s'élève au-dessus un nuage d'où la Victoire descend, portant une couronne qu'elle tient sur la tête du roi, tandis qu'on entend un carillon fort agréable, à la fin duquel tout disparaît[1]. »

Il est à peu près inutile d'ajouter que la Ville, qui n'avait pas les mêmes raisons que l'entourage du grand roi d'affecter une austérité de commande, renchérit encore sur les excentricités de la Cour. On a pu voir au chapitre précédent quels étranges sujets ou choisissait comme motifs de pendule. Nous trouvons dans le *Mercure* la description d'un appareil de ce genre qui mettait en mouvement plus de trente personnages divers. On y voyait une forge avec le maréchal battant le fer, le garçon tirant le soufflet, la servante tournant une meule, la femme amusant un enfant; il y avait aussi un homme fendant du bois, des scieurs de long, un rémouleur, des chasseurs, un homme en bateau tiré par des canards, une dame en amazone, un cabriolet, des moulins à vent, etc., tout cela mouvant et agissant.

Les *Annonces, Affiches et Avis divers* consacrent, de leur côté, un certain nombre de pages à la description d'une

---

1. Dargenville, *Voyage pittoresque de Paris*.

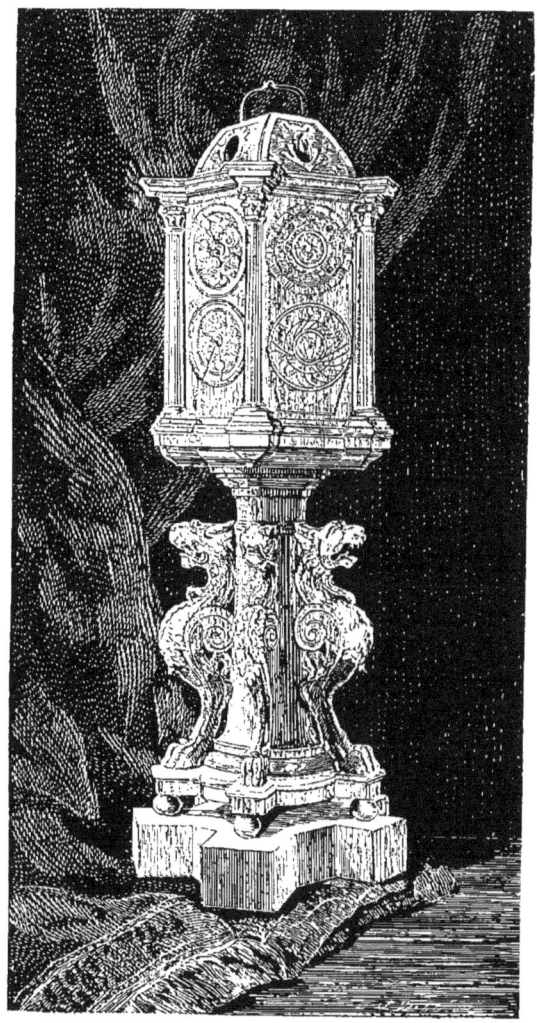

Fig. 78. — Horloge savante d'Oronce Fine.
(BIBLIOTHÈQUE SAINTE-GENEVIÈVE.)

pendule exécutée par Davis, horloger à Londres, à laquelle son auteur avait donné le nom ambitieux de « *Microcosme ou Monde en miniature* ». Cette pendule, qui avait coûté vingt ans de travail, était « en forme de temple à la romaine ». Elle montrait dans sa « structure extérieure » un curieux mélange de toutes les sciences et de tous les arts, interprétés « par une variété surprenante de figures mouvantes, qui représentoient des scènes diversifiées, des opérations de l'art, des occupations humaines et des divertissemens ».

Non seulement le système planétaire y fonctionnait d'une façon régulière, mais on voyait « les neuf Muses formant un concert d'instrumens tels que la harpe, le hautbois, la basse viole et autres ». On remarquait également « Orphée dans une forêt battant la mesure de chaque air » ; un chantier de charpentier ; un bocage avec des oiseaux voltigeant et chantant ; un paysage avec vue sur la mer couverte de navires, etc. ; et tous ces automates étaient mis en mouvement par 1,200 roues et pignons qu'actionnait un poids de 336 livres.

L'horloge du sieur Davis resta pendant plusieurs mois exposée à l'hôtel d'Espagne, rue Dauphine, où le public était admis à la voir, moyennant 3 livres par personne. Nous n'avons pu découvrir si elle trouva acquéreur. Cela est probable toutefois, car la mode de ces horloges frivolement compliquées dura jusqu'à la fin du xviiie siècle, et l'on en vit encore figurer à la *Vente du duc Charles de Lorraine* (Bruxelles, 1781), personnage qui, cependant, passait pour être d'un goût singulièrement raffiné.

Il faut rendre, toutefois, cette justice à l'horlogerie du xviie siècle, qu'en entrant, avec Huygens et ses belles découvertes, dans la voie qu'on peut qualifier de savante, si elle ne renonça pas complètement à ces complications enfantines, elle produisit du moins des pièces d'un caractère beaucoup plus élevé et d'une singulière perfection, qui, après avoir été pour le monde élégant d'alors un sujet de profond étonnement, sont demeurées pour nous un objet d'admiration.

Au nombre de ces horloges savantes il convient de citer tout d'abord : « une pendule de 28 pouces de haut, marquant les heures, jours, mois, fêtes et signes du Zodiaque, en bronze et en argent; la boëte d'ébène, avec ornemens de marqueterie de cuivre et d'étain, terminée d'un frontispice enrichy des armes de France », que le roi emportait dans ses voyages; la « pendule à équation, avec boëte de marqueterie de cuivre sur fond d'ébène, de forme ronde, ornée de feuilles et des armes du Roy », que Louis XV avait à Saint-Hubert dans sa chambre à coucher; et surtout les deux monuments d'horlogerie que ce même roi possédait dans sa chambre à Versailles. Ici il faut laisser la parole au procès-verbal que dresse, avec une conscience et une clarté parfaites, le fonctionnaire chargé alors de l'administration du Garde-meuble royal. « Deux boëtes à pendule de bois violet et roze en mosaïque à placages, pour recevoir deux mouvements de pendule à équation, l'une solaire répétant l'heure à tous les quarts; l'autre lunaire, ornée de bronzes cizelés et surdorés d'or moulu, relatifs (*sic*) au soleil et à la lune, avec les attributs d'Apollon et de Diane; les dites boettes soutenues de roulettes de cuivre à pivots pour les changer de place, ayant en dedans quatre supports de fer, pour supporter les mouvements; les dites boëtes surmontées d'une cassolette ornée de guirlandes, dont l'une jette des flammes, attributs du soleil, et l'autre une étoile à plusieurs pointes, attributs de la lune; hautes de 7 pieds et demi sur 21 pouces de large. »

Ces chefs-d'œuvre d'horlogerie (le mot n'a rien d'excessif) nous amènent à dire un mot de la fameuse pendule inventée par Passement, « ingénieur du roi pour les ouvrages qui donnent une juste mesure du temps », exécutée par Dauthiau et ciselée par Caffiéri, pendule qui est encore un objet de curiosité pour ceux qui visitent le palais de Versailles.

Cette pièce incomparable, qui marque régulièrement les phases de la lune, l'état du ciel relativement aux planètes, le mois, le jour, l'heure, la minute, la seconde et la tierce, fit une extrême sensation à son apparition, non seulement à cause de la perfection de son mécanisme, mais à cause de son élégance singulière. « Elle est de la plus belle forme du monde, lit-on dans les *Mémoires du duc de Luynes* (octobre 1753), avec de fort beaux bronzès dorés qui en forment le pied. Les côtés et le derrière sont de glace avec un globe dessus, où l'on voit le soleil représenté comme une boule d'or dans le milieu et toutes les planètes tournant autour avec une précision si grande, que l'ouvrier dit que cela ne pourroit pas se déranger dans dix mille ans. La révolution de Saturne, qui se fait en trente ans, sera un commencement d'épreuve pour ceux qui la verront. Outre cela, elle marque le mouvement vrai et le mouvement moyen, les révolutions de la lune, les jours du mois en s'assujettisant à leurs longueurs plus ou moins grandes, et même à une année bissextile. Passement a été douze ans à l'imaginer et à en faire les calculs, et huit ans à travailler. Cela me paroît un miracle de science. »

Les vingt années que Passement consacra à la confection de cette œuvre si remarquable, ne l'empêchèrent pas toutefois de mener à bien quelques autres entreprises du même genre, car la *Gazette de France* du 2 mars 1754 décrit dans les termes suivants une seconde pendule inventée par lui et représentant « les différens instants de la création » : « D'abord le chaos semble se débrouiller : la partie supérieure du globe est déjà formée. Des rochers et des chutes d'eau paraissent devoir former le reste de ce globe. Plusieurs nuages s'élèvent et sont terminés par un soleil de deux pieds de diamètre. Le milieu du soleil contient le cadran de la pendule sur un fond doré. On voit dans les nuées un planisphère où les planètes ont leurs orbes excentriques, et dont le mouvement est accéléré dans la péri-

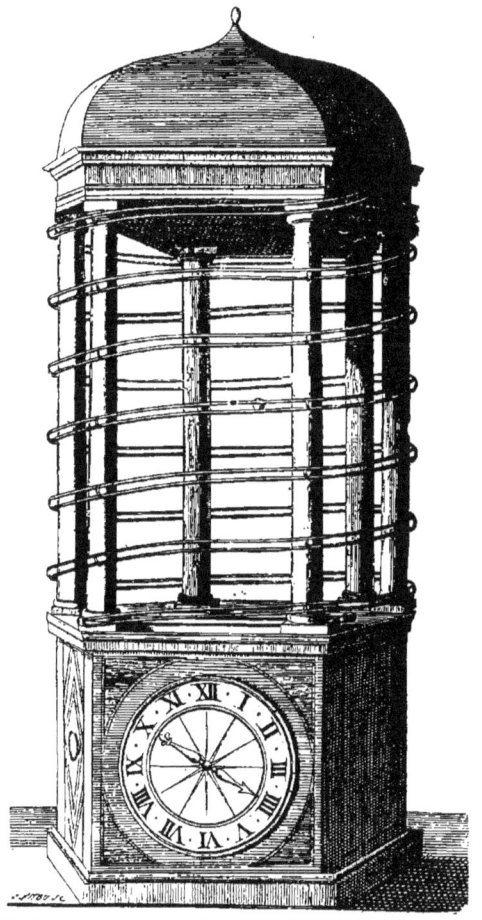

Fig. 79. — Horloge actionnée par la marche d'une bille sur un plan incliné.
(CABINET GROLLIER DE SERVIÈRE.)

hélie et retardé dans l'aphélie. On découvre aussi la lune, qui croît et décroît. Le globe, qui représente la terre et qui est de bronze, a quatorze pouces de diamètre et il tourne sur lui-même. Tous les païs du monde y sont représentés. Un rayon de soleil tombe sur ce globe. Tandis que le soleil se lève pour les villes qui touchent le bord oriental du cercle, par lequel la partie éclairée de la terre est séparée de la partie obscure, il se couche pour les villes qui touchent le bord occidental. Les lieux qui passent sous le rayon solaire ont midi. Les pôles du globe s'élèvent et s'abaissent alternativement de vingt-trois degrés et demi pendant l'année, tantôt au-dessus, tantôt au-dessous de la partie éclairée. Par ce moyen, on voit les jours croître et décroître régulièrement. Cette pièce est toute de bronze doré. Elle est de quatre pieds et demi de hauteur, et sa largeur est de trois pieds. »

Ce nouveau chef-d'œuvre de mécanisme, qui, paraît-il, avait été conçu et exécuté pour le roi de Golconde, ne fut pas expédié à son destinataire, et les personnes que ces tours de force intéressent, peuvent le voir également à Versailles, dans les anciens appartements du roi.

De ces ouvrages considérables on peut rapprocher les curieuses combinaisons qui faisaient, au XVII° et au XVIII° siècle, le principal attrait du cabinet de Grollier de Servière, si fameux en son temps, que Louis XIV par deux fois, en passant à Lyon, lui fit de longues et fréquentes visites. De ce cabinet aujourd'hui disparu il nous est resté une description intéressante, enrichie de planches nombreuses, dont quelques-unes sont reproduites ici, où le petit-fils de Grollier de Servière explique, d'une façon souvent incomplète et volontairement obscure, les curieuses inventions de son aïeul.

Ce qui caractérise ces inventions, c'est qu'elles n'ont pas pour but, comme les belles créations des Thuret, des Passement, des Berthoud, des Le Roy, des Lepaute, de produire des monuments parfaits d'horlogerie expliquant le cours des astres et contrôlant avec une exactitude absolue la marche du temps. Le savant lyonnais a concentré toute son ingéniosité à créer un certain nombre d'horloges très différentes, de tous les modèles employés ou connus, et, par la solution de petits problèmes de mécanique ou de physique, donnant l'heure d'une façon très approximative.

C'est ainsi que dans certaines d'entre elles la connaissance de l'heure s'obtient par la constatation du temps qu'une bille met à parcourir un plan incliné (voir fig. 79). Son parcours accompli, cette bille est relancée par un ressort dans le dôme qui surmonte l'appareil et recommence sa course. Mais ce que Grollier de Servière ne nous révèle pas, c'est le mécanisme qui faisait mouvoir ce ressort.

Ce même genre d'horloges se représente sous cinq ou six formes différentes dans ce fameux cabinet, et la même obscurité voulue règne sur la seule partie du problème dont la solution comporte un intérêt réel.

Un second système d'horloges dont le cabinet de M. de Servière renfermait également un certain nombre de spécimens (voir fig. 80), consiste en une série de boîtes cylindriques munies de cadrans et qui, placées sur un plan incliné, fournissent elles-mêmes, par l'effet des lois de la pesanteur, le poids moteur qui actionne leur mouvement intérieur. Ce système, qui comportait des applications variées, éveillait encore au xviiie siècle la curiosité des riches amateurs, car le *Catalogue de la collection du duc Charles de Lorraine* (Bruxelles, 1781) décrit « une pendule composée pour marcher par son propre poids sur une surface placée obliquement ». Son principe paraît, en outre, être entré à cette époque dans la production courante, car on possède quelques horloges substituant la pesanteur même du mouvement à celle des poids moteurs, mais où l'on a remplacé par une crémaillère verticale le plan incliné des horloges de M. de Servière (voir fig. 81).

Enfin nous relevons encore dans cette dernière collection, parmi les horloges extraordinaires, deux appareils assez curieux qui consistent : 1° en un sablier qui se vide en une heure et, dès qu'il est vide, se retourne automatiquement, provoquant dans son évolution un décrochement qui fait avancer d'un cran les chiffres d'un cadran horaire ; 2° en une petite tortue de liège qui, placée au milieu d'un plat plein d'eau, dont les bords sont gradués, se dirige toujours vers le chiffre qui marque l'heure.

Un horloger contemporain, M. Planchon, auquel on doit la reconstitution d'un certain nombre d'horloges anciennes,

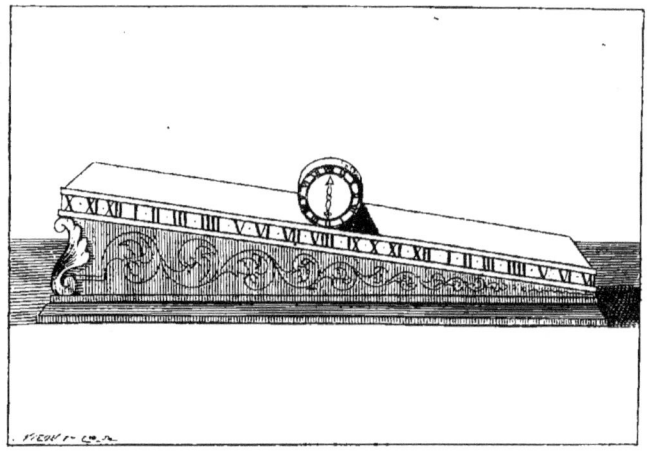

Fig. 80. — Horloge actionnée par son propre poids.
(CABINET DE M. GROLLIER DE SERVIÈRE.)

s'est appliqué à restituer ces deux derniers modèles, et il n'a pu y parvenir qu'en complétant le mécanisme apparent par un mécanisme relativement compliqué, dissimulé dans l'intérieur de l'appareil.

C'est ainsi que la petite tortue ne se dirige d'une façon régulière vers le chiffre de l'heure, que parce que sous ce chiffre se trouve un aimant qui, progressivement déplacé par un mécanisme renfermé dans l'épaisseur du plat, décrit en douze heures une circonférence complète.

Il en est de même pour le sablier, dont l'évolution horaire a besoin, pour s'accomplir, d'être actionnée par un mécanisme spécial qui constitue à lui seul un véritable chronomètre. De cette double constatation, on peut conclure que les explications très sommaires et volontairement écourtées, fournies par le colonel de Servière, manquent quelque peu de sincérité, et que les curieux appareils dont le cabinet de son grand-père tirait gloire, avaient été combinés bien plus en vue de causer l'étonnement et l'admiration des gens du monde, que de poursuivre la solution de problèmes de mécanique présentant un sérieux intérêt.

Ce reproche ne saurait être adressé par contre aux montres et aux horloges à l'*Ivrogne* que décrit l'*Almanach sous verre* de 1792 [1], ainsi nommées, dit ce recueil, « parce qu'elles se montent indifféremment à droite et à gauche et qu'elles évitent à une personne distraite le désagrément d'en casser le ressort ». Hâtons-nous de constater pour l'honneur de nos ancêtres que ces montres singulières inventées par l'horloger Sacré jeune, natif d'Alost en Flandre, n'ont jamais été d'une vente très courante. Leur utilité, du reste, a cessé d'être aussi grande depuis l'adoption des remontoirs.

On en peut dire autant des horloges se remontant par le vent, dont un spécimen figurait en 1781 à la *Vente du duc Charles de Lorraine*. Bien que la construction de ces appareils parût alors « avantageuse, puisqu'un seul jour dans un mois qu'il y a un peu de vent suffit pour en entretenir la marche et que l'excédent n'y sauroit nuire », il ne semble pas qu'ils aient été beaucoup employés.

En notre siècle, où les connaissances mathématiques ont fait tant de progrès, le public, qui devine plus facilement les supercheries de ce genre, se laisse moins volontiers émouvoir par ces tours de force d'une utilité problématique. Aussi nos mécaniciens ont-ils d'autant mieux renoncé à dépenser leur argent et leur temps dans la création de

---

1. Col. 624, n° 127.

ces chefs-d'œuvre d'ingéniosité, qu'il est à peu près impossible d'en prévenir la contrefaçon, car les procédés qu'ils peuvent employer pour produire le résultat cherché ne sauraient demeurer longtemps secrets pour leurs confrères.

Ajoutons encore que les amateurs s'intéressant aux horloges compliquées à plaisir ou à ces pièces amusantes, dissimulant sous une science apparente d'ingénieuses tromperies, se sont faits de plus en plus rares. C'est ce qui explique comment, en un temps où l'électricité pourrait cependant aider si puissamment les inventeurs à produire des illusions, nous n'avons guère à citer, comme création nouvelle, que les *horloges mystérieuses*.

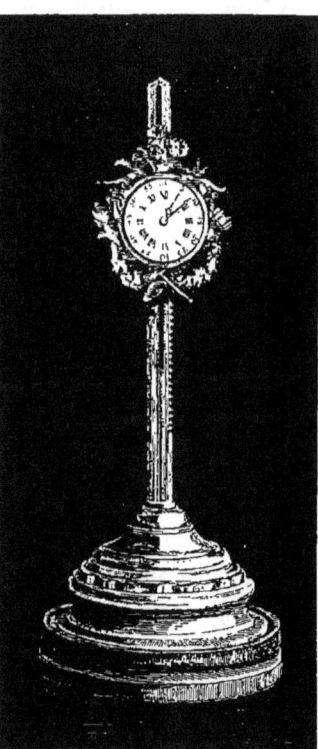

Fig. 81. — Petite horloge à crémaillère.

Ces horloges, personne ne l'ignore, consistent dans un vaste cadran de cristal, portant à son centre des aiguilles complètement isolées et qui avancent d'une façon régulière, sans que rien les rattache à un mécanisme extérieur. Le secret de cette marche « mystérieuse », c'est que le pivot sur lequel se meuvent les aiguilles contient lui-même le mouvement qui les actionne. Toute la difficulté de construction que présentent ces sortes d'horloges réside donc : 1° dans la légèreté des aiguilles, qui doit être assez grande pour que, malgré leur longueur, elles puissent être conduites par un mouvement de très petite dimension;

2° dans la construction du mécanisme, qui, tout en tenant une place restreinte, doit avoir la puissance nécessaire pour mettre en mouvement des aiguilles d'une taille relativement considérable.

Par contre, si ces curieuses inventions, qui confinent à la physique amusante, se sont faites plus rares, on doit rendre cette justice aux horlogers contemporains, qu'ils n'ont rien négligé pour améliorer la qualité des instruments de précision, pour généraliser la possession des appareils chronométriques, et pour développer l'instruction des artisans qui se destinent à leur glorieuse profession.

Déjà, au siècle dernier, un des hommes dont le génie français s'honore le plus, Voltaire, avait créé à Ferney une école d'horlogerie qui donna des résultats particulièrement remarquables. Quelques années plus tard, la Manufacture royale établie par *Lettres patentes* à Bourg en Bresse fournit également un nombre considérable d'excellents sujets. Le 26 décembre 1785, de nouvelles *Lettres patentes* instituèrent dans la capitale même, sous la direction de Bralle, ingénieur hydraulicien de la généralité de Paris, et de Vincent, élève de François Berthoud, une nouvelle Manufacture royale qui perfectionna singulièrement les connaissances mécaniques des ouvriers. Depuis un demi-siècle, au reste, un certain nombre de grands artistes avaient étonnamment relevé le prestige de l'horlogerie parisienne. Joly fils, dans la *Vie de Julien Le Roy,* qu'il publia en 1785, rapporte que les montres de cet artisan illustre « furent si recherchées, que la plupart des horlogers étrangers mettoient son nom sur leurs mouvemens pour vendre à plus haut prix leurs montres et leurs pendules ». Enfin, de nos jours, la constitution d'une Chambre syndicale de l'horlogerie et la fondation par cette chambre d'une école qui peut passer à bon droit pour modèle, assurent la réputation de la production française.

Cette production, à l'heure actuelle, se divise en quatre

branches. La première comprend les horloges publiques et tout ce qui concerne la grosse horlogerie; la seconde, la pendulerie de cheminée et de voyage, les réveille-matin, l'horlogerie électrique, la télégraphie, les lampes régulateurs, etc.; la troisième embrasse la petite horlogerie, c'est-à-dire les montres, et la dernière l'horlogerie astronomique et chronométrique, c'est-à-dire l'horlogerie savante.

Pour achever de répandre au delà de nos frontières les appareils horaires, fabriqués par cette élite de producteurs, il importe que toutes les industries annexes qui confectionnent les enveloppes extérieures, c'est-à-dire les fondeurs, les bronziers, les graveurs, les émailleurs, les ébénistes, etc., se pénètrent des nécessités de ce bel art, et c'est pour appeler leur attention sur les conditions essentielles que doivent remplir les pendules, horloges, etc., que nous avons écrit ce petit livre.

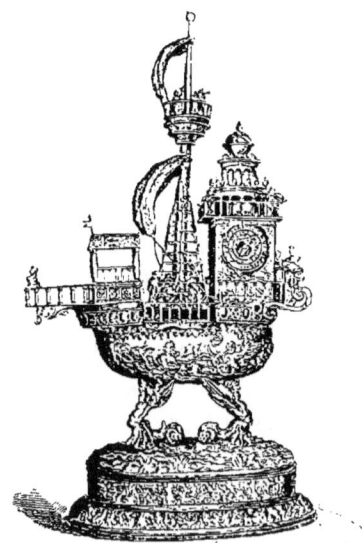

Fig. 82. — Horloge à automates. (xvie siècle.)

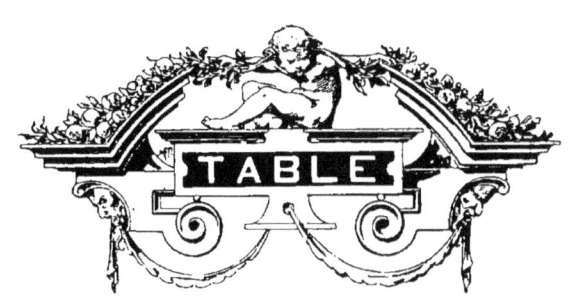

PREMIÈRE PARTIE

I. — Considérations générales. — La chronométrie et l'horlogerie. — Distinctions à faire entre ces deux arts... 3
II. — Les gnomons 11
III. — Des cadrans solaires........... 23
IV. — Les clepsydres........... 37
V. — Les sabliers................. 48
VI. — Sonneries et luminaires............................ 56

DEUXIÈME PARTIE

I. — Les horloges monumentales......................... 69
II. — De quelques règles à observer dans la disposition et la décoration des horloges monumentales............ 94
III. — Les horloges nocturnes......................... 113
IV. — Les horloges d'appartement à poids et les horloges de table... 122
V. — Les horloges d'appartement à ressort moteur. — Horloges murales, cartels, horloges à gaines.......... 139
VI. — Les horloges de cheminée dites pendules.............. 155
VII. — Horloges savantes, curieuses ou compliquées 168

IMPRIMÉ
POUR M. CH. DELAGRAVE
PAR LA
SOCIÉTÉ ANONYME D'IMPRIMERIE DE VILLEFRANCHE-DE-ROUERGUE
JULES BARDOUX, DIRECTEUR

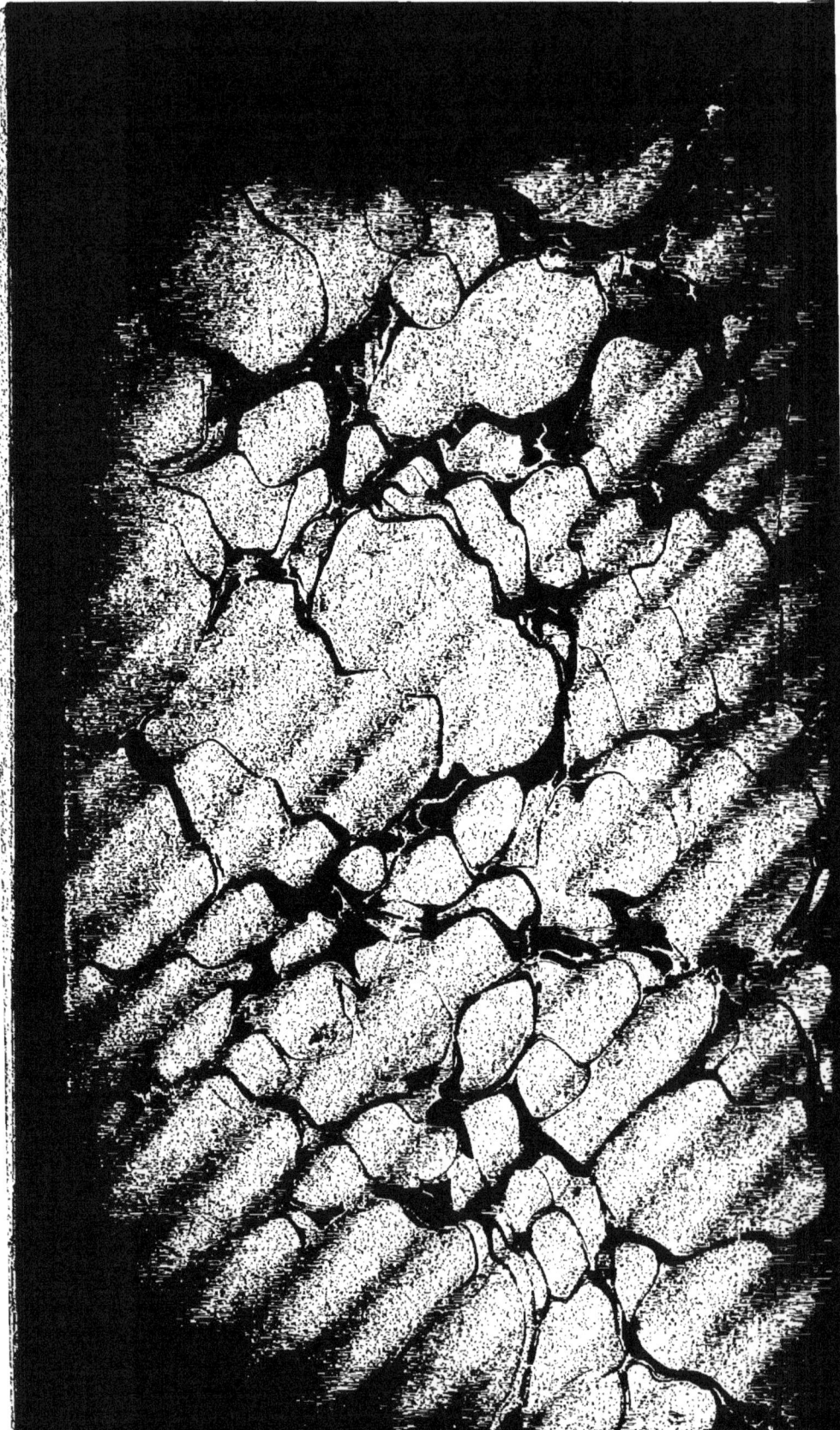

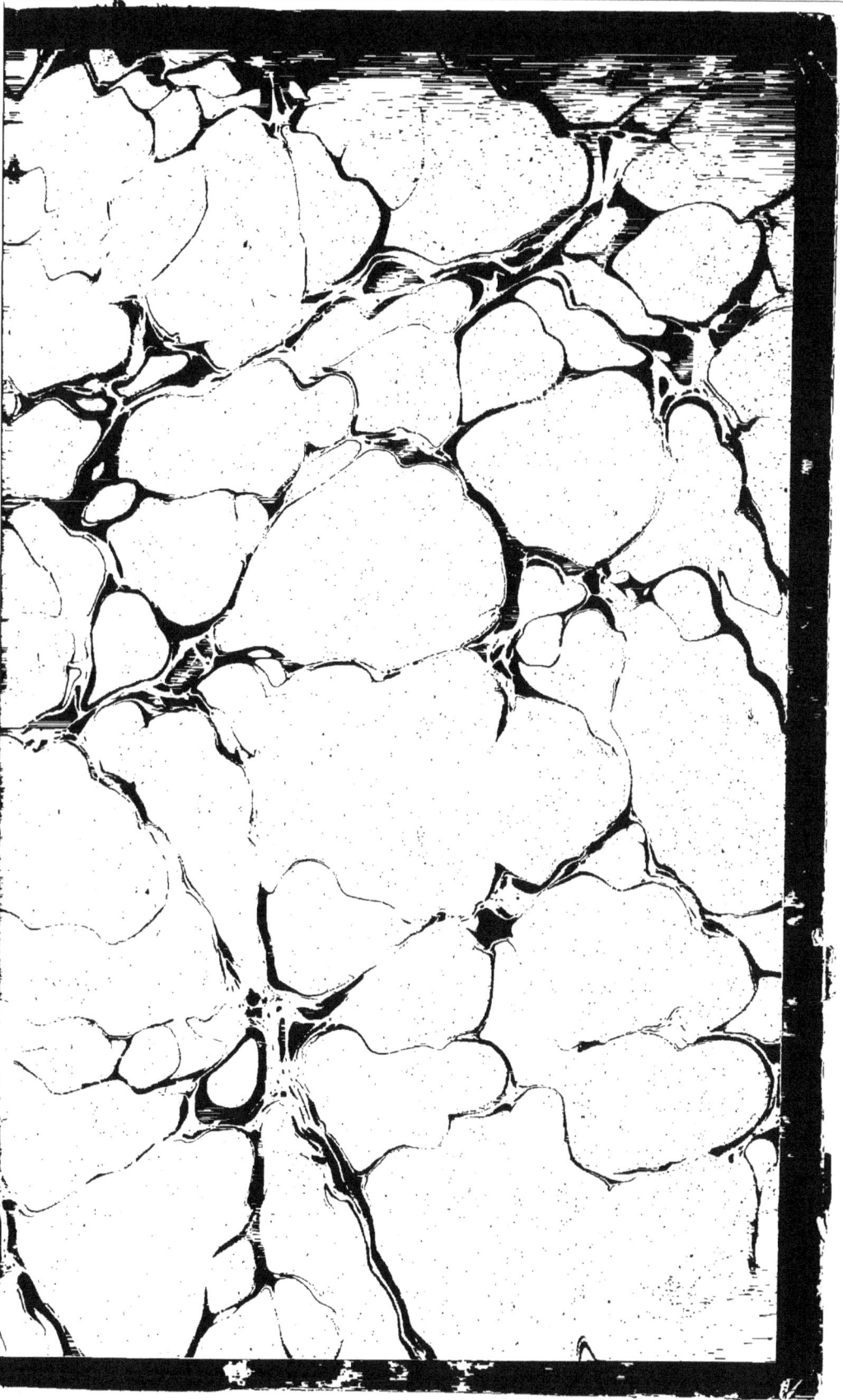

www.ingramcontent.com/pod-product-compliance
Lightning Source LLC
Chambersburg PA
CBHW050211230526
45470CB00001B/330